EL MÉTODO
TRANSFORMA

TU MEJOR VERSIÓN MENTAL

Alba Moreno Oliva

© Registro Territorial de la Propiedad Intelectual.

N.º Expediente: 09-RTPI-00884.1/2024

- Registro Oficina Española de Patentes y Marcas

N.º Registro: 202499800788375

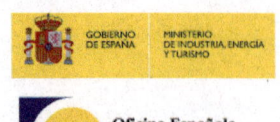

- Portada: Istock. Crédito autor: Agsandrew

ÍNDICE

Agradecimientos	5
Prólogo	6
Introducción	9
1. Transfórmate en tu mejor versión	12
2. Quién soy y en quién me quiero convertir	23
3. La organización. El poder de la rutina.	53
4. El poder de la mente. Cambio de una mentalidad negativa a positiva.	68
5. Controla tus pensamientos	85
6. Emociones	99
7. Muerte y Renacimiento	113
8. El poder del subconsciente. Reprograma tu mente.	122
9. Transforma tu autoconcepto: Amor propio	154
10. Transforma tus debilidades en fortalezas	163
11. Transforma el dolor en palanca de poder	169
12. La felicidad está dentro de ti	174
13. El poder del ahora	180
14. Experiencias	184
15. La ley de la atracción.	186
16. El desapego	191
17. El servicio a los demás	201
18. Descubre tu pasión	207
19. El poder de sonreír	212
20. El miedo	216
21. Transforma tus valores	223
22. Transforma tu lenguaje	228
23. El poder del color	237
24. Rodéate de un círculo exitoso	241
25. El éxito	243

26. Toma acción 249
Bibliografía 253
Sobre el autor 256

Agradecimientos

Agradezco a mi familia, mis amigos y mis seres guías, a todos esos héroes que me han ayudado a crear mi propia huella y contribuir a un mundo más feliz y consciente.

Prólogo

Muchas veces, tenemos la creencia generalizada de que la sabiduría de la vida se adquiere con el paso de los años, y las vivencias que cada uno de nosotros llegamos a experimentar.

Pero este libro viene a enseñarnos algo totalmente diferente: nos enseña que la sabiduría está en nuestro interior, seguramente desde antes de nacer.

Eso nos demuestra Alba en su primer libro del *Método Transforma*, "Transfórmate a nivel mental".

Debo reconocer que, a pesar de conocer a Alba desde siempre, ya que es una de las personas fundamentales de mi vida, su juventud, al menos en mi caso, hacía que fuera reticente en cuanto a su capacidad de poder llevar a cabo el reto al que se enfrentaba.

Ella quería transmitir en su libro todo aquello que su conocimiento, ávido siempre de aprender, había ido descubriendo a lo largo de los años.

Ella tenía muy claro, de una forma sorprendente, que muchas personas, a pesar de la edad, condición social o experiencias de vida, no se habían dado cuenta de que su realidad la estaban configurando sus pensamientos y sus creencias limitantes, o que al menos tenían un alto impacto en todo aquello que estaban viviendo.

Este libro recoge toda una serie de sabios conocimientos y recomendaciones, los cuales, puestos en práctica de forma objetiva, nos ayudan a conseguir convertirnos en versiones mejoradas de nosotros mismos.

Esa era la parte en la que yo no entendía cómo Alba, siendo una mujer tan joven, podía haber accedido a un caudal de conocimientos y sabiduría tan importantes, ya que, al menos a mí, adquirir solo una pequeña parte de ellos me había costado años de vivir complicadas experiencias y reflexiones interiores.

Lo entendí en el momento en que un día me explicó cuál era su método de escribir; ella dijo: "*Simplemente, me concentro y escribo*".

En ese momento, pude entender que lo que contenía este libro era la conexión de ella misma con algo superior: posiblemente, con ese "yo" interior que todos llevamos dentro, con esa sabiduría ancestral que nos trasciende, y que simplemente aflora en el momento que somos capaces de hacer un ejercicio de interiorización, para acceder a ella.

Aun así, no nos llamemos a engaño: no todos los seres humanos somos capaces de hacer esa conexión. Unas veces, por falta de tiempo, debido a la vida tan estresante a la que estamos sometidos; y otras, en la mayoría, por falta de creencias, que hace que descartemos aquello que no nos es tangible.

El trabajo resultante en este libro, desde mi punto de vista, es excelente, y de corazón, creo que a cualquiera que le llegue el libro y sea capaz de leer aunque sea un capítulo de este, le va a aportar luz en alguna situación de su vida en la que realmente la necesite.

Animo a Alba a seguir escribiendo y a dar conferencias, porque firmemente creo que tiene un don para ello, y a ayudar a los demás con lo que transmite: sé que es una vocación que lleva dentro desde hace muchos años, y supongo que ha llegado el momento de materializarla.

¡¡¡Adelante!!!

Las dos personas que más la aman.

Boadilla del Monte, enero del 2024

Introducción

Este libro tiene la pretensión de ser una guía para transformarte en tu mejor versión, demostrarte que estás a tiempo de perseguir tus sueños, y que ese debe ser el objetivo de tu vida. Está escrito para ti.

¿Quién soy?

¿En quién me quiero convertir?

Entrar en lo más profundo de tu ser. Conocerte, sanarte y descubrir cuál es tu misión en la vida.

¿Cuál es el propósito por el que estás aquí?

Este libro también pretende ser un modelo de inspiración y ayudarte a alcanzar todo lo que te propongas. Tú decides reconocer dónde están tus límites, y darte cuenta de que son mentales.

Puedes quitarte tus creencias limitantes, sanar tus traumas, seguir un proceso maravilloso donde te conocerás y te reconocerás, descubriendo tu verdadera esencia.

¿Quién eres cuando estás solo? ¿Quién eres cuando nadie te mira? ¿Cómo te hablas? ¿Cómo te cuidas?

Si no te gustan las respuestas, si no te gustas tú, verás que eso solo está en tu cabeza.

Tienes la elección, HOY, de transformarte y convertirte en tu mejor versión.

"Da el primer paso con la fe. No tienes por qué ver toda la escalera: basta con que subas el primer peldaño"

Doctor Martin Luther King Jr.

A medida que leas, que te lo creas y que te construyas, cogerás la confianza suficiente para volar, viviendo la transformación de crisálida a mariposa.

Da igual el punto de partida, la edad, tu género, tus circunstancias y tu pasado: HOY puedes elegir ser mejor que ayer. La competencia es de ti contra ti y no hay límites cuando hablamos de mejorar y aprender.

> *"Has de ser consciente de tus pensamientos y elegirlos cuidadosamente. Diviértete, porque eres la obra maestra de tu propia vida, el Miguel Ángel esculpiendo a su David, que eres tú"*
>
> Doctor Joe Vitale

Deseo desde lo más profundo de mi ser que este libro pueda ayudar o inspirar, aunque sea a una sola persona; que mi conocimiento aporte un pequeño granito de arena para construir un mundo más feliz, más consciente y más amable.

Si todos centrásemos nuestra fuerza y energía en crearnos desde una perspectiva humanista, seríamos imparables como colectivo, consiguiendo grandes logros para la humanidad, e impulsando el crecimiento económico y el desarrollo de la sociedad.

Sustituiríamos los conflictos y guerras por paz y amor, basándonos en una integridad moral apoyada en los valores fundamentales, de ayuda a los demás y crecimiento personal.

Desde mi corazón, espero que disfrutes la lectura.

1. Transfórmate en tu mejor versión

Todos tenemos el potencial para alcanzar la máxima expresión de nuestra versión más elevada, y debemos tomar activamente la decisión de convertirnos en ella.

Todos debemos ser una versión mejorada de nosotros mismos; de no ser así, te estás limitando.

Solo ganas si tienes una mentalidad ganadora, educada en valores de éxito. De esta forma, el éxito será atraído a tu vida.

El punto de partida eres tú, y tienes que trabajar tus tres dimensiones, cuerpo, mente y alma, que deben ser trabajadas de forma independiente. Su desarrollo individual hará que se generen las sinergias necesarias para transformarte en tu expresión más elevada.

-.1. *El cuerpo*

El cuerpo es el traje que vestimos durante todo el viaje de la vida. Es sumamente necesario cuidarlo, abasteciéndolo de todo lo que necesite para mantenerlo en su mejor versión.

Su cuidado es nuestra responsabilidad: implica desarrollar buenos hábitos, tales como llevar una dieta saludable, hacer ejercicio regularmente, descansar de forma adecuada, hidratarnos, así como cuidar la piel y la higiene personal.

No obstante, nada nos garantiza que se mantenga siempre en óptimas condiciones. Su deterioro es normal, ya que influyen muchos factores. Sin embargo, no cuidarlo nos garantiza altas probabilidades de enfermar y un menor rendimiento en todos los ámbitos.

Mantener un equilibrio contribuye a obtener una buena salud física y mental, ambas vinculadas. Ya que, a través del culto al cuerpo, podemos trabajar también nuestra mente, educándola en valores de resistencia y disciplina.

Te aseguro que esa fue la conclusión a la que llegué desarrollando mi propia transformación personal.

Ya la cita latina de las Sátiras de Juvenal, "*Mens sana in corpore sano*", reflejaba el vínculo entre ambas, recomendando el cuidado de la salud, tanto del cuerpo como de la mente.

Esta dimensión la desarrollaré en profundidad en el segundo libro de la trilogía del *Método Transforma*, "Conviértete en tu mejor versión a nivel físico".

-.2. La mente

La mente es la parte del ser humano donde se desarrollan todas nuestras capacidades. Es nuestro instrumento más valioso: tiene el poder de arruinar nuestra vida o llevarnos a una total plenitud y sentido de esta.

Si dominas tu mente, serás capaz de dirigir tu destino y alcanzar el éxito personal.

Esto nos permitirá transformarnos de forma total, entendiendo nuestra mente, con una transformación completa de muerte y resurrección.

Es necesario que muera tu *yo* actual para que pueda nacer tu nuevo *yo*.

Llenaremos nuestra mente de nuevas creencias que nos potenciarán e impulsarán a nuestra máxima versión.

La mente genera pensamientos, los pensamientos generan sentimientos, y esos sentimientos generan emociones que condicionan nuestras acciones.

Gráfico: Elaboración propia

Conclusión: según piensas, actúas. Por lo que si piensas bien, actuarás bien; y al actuar bien, reforzarás tus pensamientos positivamente.

El *Método Transforma* enseña la importancia de cuidar el lenguaje, entender la mente consciente, reprogramar tus creencias y tu subconsciente, establecer creencias potenciadoras y limpiar nuestros bloqueos emocionales.

Debemos ser capaces de detener la mente y sus pensamientos cuando sea necesario.

Cambiar la base de nuestra mentalidad requiere entender que tu realidad depende de tu percepción entre el bien y el mal, ya que ambos son dos caras de una misma moneda.

De esta forma, las situaciones negativas desaparecen, transformándose en aprendizaje, siendo necesarias tal cual ocurren para nuestro máximo beneficio. Todo lo que ocurre configura nuestro *yo* más elevado, por lo que el cambio de perspectiva hará que aprovechemos "lo malo" para crecer. En conclusión, todo es bueno.

Además, deberemos cultivar nuestros valores y modificar nuestra personalidad con el fin de obtener el mayor beneficio.

Tu reto eres tú mismo

Estas son solo algunas de las formas de educar a nuestra mente para que sea como nosotros queramos. Este proceso de transformación se asemeja a la evolución de una oruga hasta convertirse en mariposa.

La mariposa para mí es un animal con un significado mágico: para la religión cristiana representa la resurrección, y para el arte milenario del *Feng Shui*, el amor o la libertad.

La mariposa es el tótem animal que simboliza el *Método Transforma*. Este tótem refleja el proceso de transformación, siendo la expresión de la naturaleza de cambio, esperanza, vida y resistencia.

Modificando nuestra mente daremos muerte a la oruga y resurgiremos como la más bonita de las mariposas.

La mejor versión de nosotros mismos comienza en la mente

-.3.   Espíritu

El ser humano estaría incompleto si solo fuera cuerpo y mente, por lo que es necesario abordar la dimensión espiritual. Creo firmemente que no somos ni cuerpo ni mente, ya que somos esencia y no nos identificamos con ninguna de las dos.

Gracias a la ciencia, la física cuántica, las matemáticas, la filosofía y la psicología, pude entender que la espiritualidad era un nexo de unión con el cuerpo y el alma, confirmando que todo está relacionado en un triángulo perfecto.

Hay algo común a toda la materia: los átomos.

Cuando la energía se condensa se convierte en materia.

Einstein, en 1905, afirmó que la materia es otra forma de energía, descubriendo la ecuación que relaciona la masa con la energía y la velocidad de la luz, que es $E = mc^2$.

Esta energía de la que hablamos, presente en la naturaleza, fue explicada por las tradiciones como energía espiritual.

Dios, Fuente Universal, Alá, Yahveh, Energía Creadora, Conciencia Divina, Origen, etc.

A lo largo de la historia han surgido muchas explicaciones sobre el origen, la espiritualidad, las jerarquías espirituales y nuestra existencia humana.

No pretendo resumir ni dar explicaciones al respecto, ya que considero que cada persona lo explica desde el lugar desde donde lo ha venido a entender, y debe quedarse con la información con la que más resuene.

En mi opinión, la espiritualidad está en nuestro interior y es por ello por lo que la incluyo dentro del *Método Transforma*, siendo uno de los motores que tenemos el poder de activar y trabajar para convertirnos en nuestra expresión más elevada.

En mi experiencia, el desarrollo personal y el cambio consciente en mi pensamiento me llevaron a descubrir que tengo el poder de recargarme o debilitarme con lo que pienso.

Esto ocurre porque, según la ciencia, se ha comprobado que el pensamiento es una energía que se transmite por ondas.

Aun siendo escéptica, pero habiendo conocido la espiritualidad desde mi infancia, inicié una investigación a nivel personal para entender qué era lo que sentía, descubriendo la energía.

Desde mi punto de vista, somos seres espirituales en un cuerpo físico y hemos venido a cumplir una misión de vida.

Nuestra felicidad radica en encontrar cuál es esa misión y dedicar nuestra vida a la búsqueda incesante de nuestra mejor versión.

Y es que,

¿Qué sentido tendría, si no, esta vida?

¿Qué sentido tendría estar aquí pensando en desarrollar placeres temporales o materiales?

¿Qué sentido tendría el sufrimiento? ¿Las dificultades? ¿Las injusticias?

Esta dimensión también la desarrollo en profundidad en el tercer libro de esta trilogía del *Método Transforma*, "Conviértete en tu mejor versión a nivel espiritual".

2. Quién soy y en quién me quiero convertir

En el segundo paso del Método abriremos espacio a la reflexión sobre nuestra propia existencia y nuestros objetivos de vida.

"Quien sabe lo que quiere, encuentra lo que busca"

"El que no sabe lo que busca no entiende lo que encuentra"

Claude Bernard

Es necesario establecerse objetivos de vida a corto, medio y largo plazo, porque brindan dirección, motivación y un sentido de propósito.

Te ayudan a enfocarte, a definir tus metas y a tomar decisiones que te acercan a lo que deseas lograr.

A medida que las cumplas, irás ganando seguridad en ti mismo, confianza y satisfacción, experimentando una gran autorrealización y felicidad personal.

Por ello, en la siguiente página te dejo un primer ejercicio, que consiste en establecer objetivos cuantitativos a corto plazo (semana/mes), a medio plazo (1 año) y a largo plazo (tus metas de vida).

Lo que no se escribe no existe en tu vida.

Puedes estructurarlo en dos o tres columnas e ir ticando según los vayas cumpliendo: la satisfacción que irás sintiendo a lo largo del proceso es indescriptible.

Te recomiendo que hagas este ejercicio con suma responsabilidad, ya que tiene el poder de cambiar tu vida.

Para explicar la relevancia de este, hago referencia a Bryan Tracy, empresario, coach motivacional, escritor de multitud de libros y un gran referente en psicología y ventas. En multitud de costosas formaciones a empresarios, realizaba un ejercicio práctico que prometía cambiar sus vidas.

Ese ejercicio consistía en comprar un cuaderno y escribir en la primera hoja diez metas ambiciosas en tiempo presente.

La forma de expresarlo tiene también su gran importancia, puesto que no se trata solo de definir el objetivo que anhelas, sino que has de expresarlo como si ya fuera el resultado final.

Por ejemplo, si quieres bajar de peso, en vez de escribir "bajar de peso" debes poner "estoy tonificado, fuerte o delgado", que es como en realidad te sentirás una vez hayas bajado de peso.

El proceso es bajar de peso; el resultado es que estás tonificado, fuerte o delgado.

Según Bryan, cada día debes escribir en una nueva hoja las diez metas sin copiar las anteriores. A medida que pasen los días, descubrirás que lo normal es irlas modificando, y en 30 días tu vida será completamente diferente.

Esto ocurre porque, una vez lo escribes, estás programando a tu mente subconsciente para que suceda, lo que te llevará a las circunstancias y personas necesarias para ello.

Bryan estaba tan convencido de esto que prometía que, si no ocurría, devolvía íntegro el dinero del curso. Durante toda su carrera profesional, nadie le pidió el reembolso.

En conclusión, por todo lo anteriormente explicado, verás la relevancia de dar este primer paso comenzando así tu proceso de transformación.

Pero, por favor, no me creas: compruébalo tú mismo.

Define y redefine nuevas metas para cada nuevo nivel

"Claridad es poder"

Coral Mujaes

Ejercicio 1: lista de objetivos

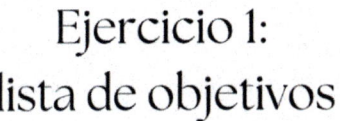

Objetivos a corto y medio plazo

- ☐ _____
- ☐ _____
- ☐ _____
- ☐ _____
- ☐ _____
- ☐ _____
- ☐ _____
- ☐ _____
- ☐ _____
- ☐ _____
- ☐ _____
- ☐ _____
- ☐ _____
- ☐ _____
- ☐ _____
- ☐ _____
- ☐ _____

Objetivos a largo plazo

- ☐ _____
- ☐ _____
- ☐ _____
- ☐ _____
- ☐ _____
- ☐ _____
- ☐ _____
- ☐ _____
- ☐ _____
- ☐ _____
- ☐ _____
- ☐ _____
- ☐ _____
- ☐ _____
- ☐ _____
- ☐ _____

A continuación, seguimos con dos grandes preguntas. Estas marcaron un antes y un después en mi vida, por lo que considero positivo que cualquier persona se las plantee, independientemente del momento vital en el que esté.

Tú deberás encontrar tus propias respuestas.

1- ¿Quién soy?

Esta es la pregunta más importante, recomiendo analizarla desde dos perspectivas:

- <u>¿Quién soy? Desde la parte mental</u>:

Cuestionándote dos bloques de preguntas:

1. ¿Cuáles son tus características físicas negativas?
2. ¿Cuáles son tus características físicas positivas?
3. ¿Cuáles son tus características psicológicas negativas?
4. ¿Cuáles son tus características psicológicas positivas?

Respecto al primer bloque, el hecho de reconocer las características físicas positivas en ti te permitirá potenciarlas, trabajarlas y construirte como quieres.

Respecto a las características físicas "negativas", te recomiendo no priorizar la estética sino la salud.

Por ejemplo, si la característica física "negativa" es el sobrepeso y no te ves bien, te aconsejo transformarlo desde la salud, comenzando con hacer deporte y cuidando la alimentación.

De esta forma comenzarás a verte mejor, tendrás más salud, energía, autoconfianza y autoestima, lo que mejorará tu vida de forma exponencial.

Sin embargo, si no se pueden solucionar o la única solución es mediante operaciones estéticas, mi consejo es que las abraces, las quieras y las recibas como tu marca personal.

Convierte tus puntos débiles en tus fortalezas, abrazando tus defectos como tu signo de diferenciación.

Ama lo que te hace diferente.

Ser diferente es bueno.

En el segundo bloque, podrás reflexionar sobre tus características psicológicas.

Te recomiendo comenzar por reconocer las positivas.

A continuación, toma conciencia de las negativas, que te permitirán ver qué es lo que quieres cambiar y trabajar.

Amor propio es quererte como eres y construirte como quieres

- <u>¿Quién soy? Desde la parte espiritual</u>:

La definición de quiénes somos como personas nunca debería ser analizada desde el rol de vida que cumplimos en la familia, en el trabajo, en la pareja... ni tampoco por el papel que realiza nuestro personaje.

¿Quién o qué soy realmente?
¿Qué es lo que determina mi esencia?

Como me gusta decir, "tengo las preguntas, no vuestras respuestas"; lo que sí puedo es mostraros las mías.

Mis respuestas son que soy energía, esencia, soy una hija de Dios.

Este descubrimiento fue un punto de inflexión en mi vida, lo que me hizo soltar expectativas y roles arraigados en mí hasta ese momento. Entendiendo, por ejemplo, que no me identifico con ser "mi trabajo", "mi familia, "mis estudios", ni "mi dinero". Soy esencia.

Esto me provocó un cambio de perspectiva: pude liberarme del ego y de los roles impuestos por la sociedad, pude desarrollar la resiliencia y la capacidad de fluir sin quedarme anclada en el pasado ni en el futuro, sino sumergiéndome en el presente.

Y ese es mi consejo, DISFRUTAR DEL REGALO DEL PRESENTE.

2- ¿En quién me quiero convertir?

En el paso anterior del método, has podido identificar tus debilidades para trabajarlas y corregir las que sean posibles, así como potenciar tus fortalezas.

Todo eso te hará estar cada vez más cerca de la transformación a tu mejor versión.

Es por ello que en este punto te invito a reflexionar sobre la persona que quieres llegar a ser.

¿Cuáles son las cualidades que quiero tener en el futuro?

¿Qué debo dejar de ser o hacer para convertirme en esa persona?

Escríbelas y trabájalas. Pide a lo grande, y escribe afirmando, como si ya fueras todo lo que quieres llegar a ser.

QUERERTE
es
ACEPTARTE COMO

ERES

y

CONSTRUIRTE

como quieres

Si no eres tu versión más elevada,
te estás poniendo límites a ti mismo.

Ejercicio 2:
¿Quién soy? y ¿en quién me quiero convertir?

¿Quién soy?
¿Qué caracteristicas buenas y malas tengo?

_____
_____
_____
_____
_____
_____
_____
_____
_____
_____

¿En quién me quiero convertir?
¿En qué puedo mejorar?

_____
_____
_____
_____
_____
_____
_____
_____
_____
_____

3- ¿Cuáles son las cosas positivas, externas a mí, que tengo en mi vida?

Teniendo en cuenta que el cerebro tiende de forma natural a la negatividad, es necesario que le recordemos diariamente cuáles son todas las cosas positivas que tenemos en nuestra vida.

Una de las principales razones por las que las personas experimentan trastornos como la ansiedad o la depresión es por vivir ancladas al pasado, al futuro, o peor: a un presente imaginario que no existe.

Cuida tus pensamientos y sumérgete en el presente

A lo largo del viaje de la vida, tenemos situaciones que hacen tambalear nuestras perspectivas: la pérdida de un trabajo, un familiar, una ruptura de pareja, una enfermedad...

Circunstancias que hacen pasar a las personas por etapas complicadas. El riesgo de esto es quedarse anclado en las emociones que generan esas circunstancias.

Nuevamente te invito a reflexionar:

¿Qué cosas buenas tienes en tu vida?

Familia, amigos, salud, salud mental, pareja, amor, dinero, trabajo, estudios...

Será importante que seamos conscientes del hecho de reconocer que en algún momento de la vida nos va a faltar alguna de ellas, o incluso todas, lo cual no determinará tu felicidad, ni desvirtuará tu esencia.

Tú seguirás siendo tú a pesar de las circunstancias.

Tu felicidad está dentro de ti y tú eliges cómo te tomas las cosas y el poder de influencia que tienen ellas sobre ti.

No eliges lo que te pasa, pero si eliges tus reacciones a lo que te pasa.

Las peores experiencias de la vida se pueden convertir en grandes aprendizajes. Estas serán tus grandes maestras, dándote el impulso necesario para tu transformación en alguien mucho más fuerte, más sabio y más compasivo.

Si tratas de alejarte del problema y mirarlo con perspectiva, podrás extraer lecciones y ver su parte positiva. Te invito a sentir todas las emociones de esta experiencia humana sin anclarte a ellas y renacer en tu mejor versión.

Tu esencia no debe condicionarla el entorno.

Agradece todo lo que tienes y eres, y deja de enfocarte en las cosas de las que careces.

Eres lo que eres, no lo que no eres

Ejercicio 3:
¿Qué cosas buenas tengo a mi alrededor?

Para poder agradecer es necesario ser consciente de todas las cosas positivas que tenemos alrededor.

Por ello, escribe tu nombre en el circulo central y alrededor escribe todas las cosas buenas externas a ti que tienes (salud, dinero, familia...).

Todos tenemos muchas razones para estar felices todos los días. y debemos ser conscientes de que en algun momento de nuestra vida no vamos a tener todas (nos puede fallar el trabajo, el amor, la fanilia, pero nuestra esencia no se modifica) tu nombre seguirá intacto y tu esencia también.

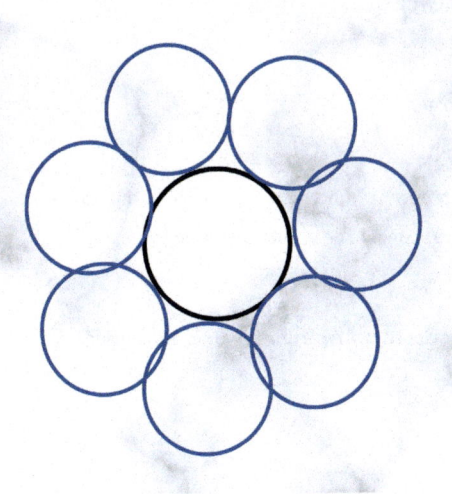

4- Opcional: ¿Qué tipo de pareja quiero?

Este cuarto ejercicio del *Método Transforma* es opcional, aunque muy recomendable. En el caso de que busques activamente pareja, la quieras para un futuro o te sientas preparado para tenerla, pregúntate:

1- ¿Qué tipo de persona quiero a mi lado?
2- ¿Qué valores y qué características quiero que tenga esa persona?
3- ¿Puedo gustar yo actualmente a ese perfil de pareja que busco?
4- ¿Qué tengo que mejorar en mí para poder acceder a ese perfil de persona?

Una vez respondidas, trabaja sobre ellas.

Esta sección es muy importante, ya que tu pareja va a ser un reflejo de ti mismo, concretamente de tu subconsciente.

Desde mi perspectiva, en parte, el amor es admiración.

Admiramos las cualidades de nuestra pareja porque, o bien nosotros las llevamos dentro, o bien carecemos de ellas y nos complementan.

Por otra parte, recibimos el amor por el amor que nos damos a nosotros mismos. Somos capaces de amar por lo que somos capaces de amarnos a nosotros mismos.

"Como es adentro, es afuera"

Ley del espejo

El trato que aceptamos recibir de nuestra pareja tiene relación con nuestra valoración interna, basada esta última en las creencias que tenemos asumidas como ciertas.

Esto hace que, si nuestro autoconcepto y valoración son positivos, reflejaremos en el exterior el trato que consideramos apropiado, y nuestra pareja lo percibirá y valorará como tal.

De esta forma, si queremos que nuestra pareja tenga unas cualidades concretas, debemos trabajar nuestro amor propio y desarrollarnos personalmente, siendo merecedores de recibir ese amor.

Nuestro interior se refleja en el exterior, y la pareja es la gran confirmación de ello. Como somos dentro, se materializa fuera.

"A medida que te das valor, tus estándares cambian y no aceptas menos de lo que consideras que mereces"

La pareja es la manifestación de tu trabajo interior, a nivel físico, mental y espiritual.

"Tu futura pareja reflejará tu transformación"

"Tu pareja es el reflejo de tu subconsciente"

Ejercicio 4: opcional
¿Qué tipo de pareja quiero?

Es difícil encontrar a nuestra persona ideal si no sabemos lo que queremos en nuestra vida.
¿Qué características queremos que tenga? y ¿qué valores?
También es importante hacer una introspección y ver si lo que estamos buscando es coherente con lo que nosotros somos.
Si ves incoherencia, a lo mejor tenemos que plantearnos en qué cosas debemos mejorar.

¿Qué características y valores quiero que tenga mi futura pareja?

_____
_____
_____
_____
_____
_____
_____
_____
_____
_____

Ejercicio 5: opcional
Transformación física

Suponiendo que querramos lograr un cambio físico te propongo un reto de aquí a final de año. Tratando de cambiar hábitos, hacer deporte y comer saludable.

Hazte una fotografía de como estás físicamente ahora y pégala en el siguiente recuadro. Cuando finalice el año, repite la foto y pégala en el segundo.
Si el cambio es visible por fuera, mucho más lo será por dentro.
Es un gran paso para el crecimiento personal.
Querrá decir que has conseguido valores como el compromiso, la constancia y la disciplina.

| foto principio de año | foto final de año |

Tanto tus preguntas como tus respuestas te recomiendo escribirlas en papel: al quedar así plasmadas en todos los ejercicios del *Método Transforma*, podrás recordarlas pasado un tiempo. Recuerda que lo que no escribes no existe. Si lo haces, reforzará tu compromiso.

Al ir cumpliendo tus metas, podrás sentir tu autorrealización, así como ir fijando nuevas.

Escribir las metas, además, tiene un gran poder de manifestación, por lo que te recomiendo que sueñes a lo grande: es gratis.

Una vez las cumplas, es importante que no te estanques, ya que cada nuevo nivel de tu vida requerirá de tu nueva versión mejorada.

Al conjunto de etapas y al proceso de cambio interno me gusta asemejarlo con la evolución de una mariposa, llamando a ese cambio MUERTE Y RENACIMIENTO.

Con independencia de la parte del proceso en la que estés...

Eleva tu mente, fija nuevas metas para tu siguiente nivel: es momento de subir

5- Pequeños pasos para un gran objetivo.

Una vez has definido hacia dónde quieres ir, el siguiente paso del *Método Transforma* consiste en convertir esas grandes metas en una rutina que te vaya acercando a la persona exitosa en la que te quieres convertir.

Este método te hará llegar a ser alguien completamente nuevo a través de varios ejercicios, consiguiendo cumplir nuestros objetivos poco a poco a lo largo del año.

Comprometerte con tu rutina diaria y con tu futuro mientras reflexionas y trabajas te hará convertirte en tu mejor versión.

La rutina en sí ya es un hábito que debemos adquirir si queremos ser exitosos. Es importante porque brinda estructura y organización a nuestras vidas. Ayuda a establecer hábitos positivos y saludables, reducir el estrés, descansar, mejorar la productividad, y nos ayuda a conseguir las metas al tener un marco predecible para nuestras actividades diarias.

Nos brinda la posibilidad de cuidar la salud mental y física, además de conseguir el equilibrio entre vida laboral y personal.

Desde mi perspectiva, la clave de la excelencia es conseguir un equilibrio en todas las áreas de nuestra vida.

La excelencia no necesariamente es ser brillante en una sola actividad, sino nutrirnos de las máximas experiencias posibles e ir mejorando progresivamente.

¿Estás preparado?

Nada grande fue creado de la noche a la mañana, creo firmemente que podemos crear y conseguir todo lo que queramos.

Piensa en grande, trabaja en pequeño

¿Cómo hacerlo?

Paso 1: Fija metas concretas y grandes de lo que quieres conseguir.

Paso 2: Establece objetivos cuantitativos de esas metas. Se trata de cuantificar, llevando a números tus metas. Por ejemplo: si quieres ser escritor a largo plazo, plasma como objetivo para el primer año escribir 1 libro; en 3 años, 3 libros; y en 10 años, 10 libros.

Paso 3: divide esos objetivos en pasos tan pequeños como sea posible para incluirlos en tu rutina diaria.

Por ejemplo, si quieres ponerte fuerte y competir en culturismo, debes crear un plan. La creación de masa muscular es un proceso lento y requiere de compromiso, determinación y constancia.

Haz una lista de cómo tiene que ser tu rutina.

En este caso: deberás entrenar 4 o 5 veces a la semana una hora, seguir una dieta de volumen y un proceso de definición con un control de las comidas, realizar el cardio correspondiente, descanso, hidratación, etc. Cuantificar las tareas y medir los resultados.

Evita las excusas: sabes perfectamente lo que tienes que hacer, y si no lo haces solo te estás engañando a ti mismo.

Para la toma de acción inmediata hay dos trucos que me encantan:

- La regla de los cinco segundos: si suena la alarma, levántate antes de que pasen los cinco primeros segundos. No lo pienses: actúa.

- 3, 2, 1... ACCIÓN: no permitas que tu mente busque las excusas para postergar, posponer o anular lo que debes hacer. Si has decidido darte una ducha de agua fría, abre el grifo, haz una cuenta atrás y... ACCIÓN, (Puedes gritar si quieres).

Volviendo a la esencia del capítulo, debes convertir todo en pasos pequeños y empezar de forma progresiva.

Siguiendo el ejemplo anterior, para conseguir nuestra meta de competir en culturismo, un buen punto de partida es entrenar una hora tres días a la semana los grupos musculares necesarios, comenzar con poco peso hasta adquirir una buena técnica e ir subiéndolo de forma progresiva.

Para crear masa muscular, además, será necesario hacer un superávit calórico con ingesta de mayor cantidad de proteínas.

Dicho de forma sencilla: entrenar lo necesario mientras comemos más proteína y más sano.

Solo necesitarás la repetición constante de los hábitos que te llevarán a conseguir la meta.

La disciplina, el sacrificio y la perseverancia logran maravillas.

"Somos lo que hacemos repetidamente. La excelencia, entonces, no es un acto, sino un hábito"

Aristóteles filósofo

EL SECRETO

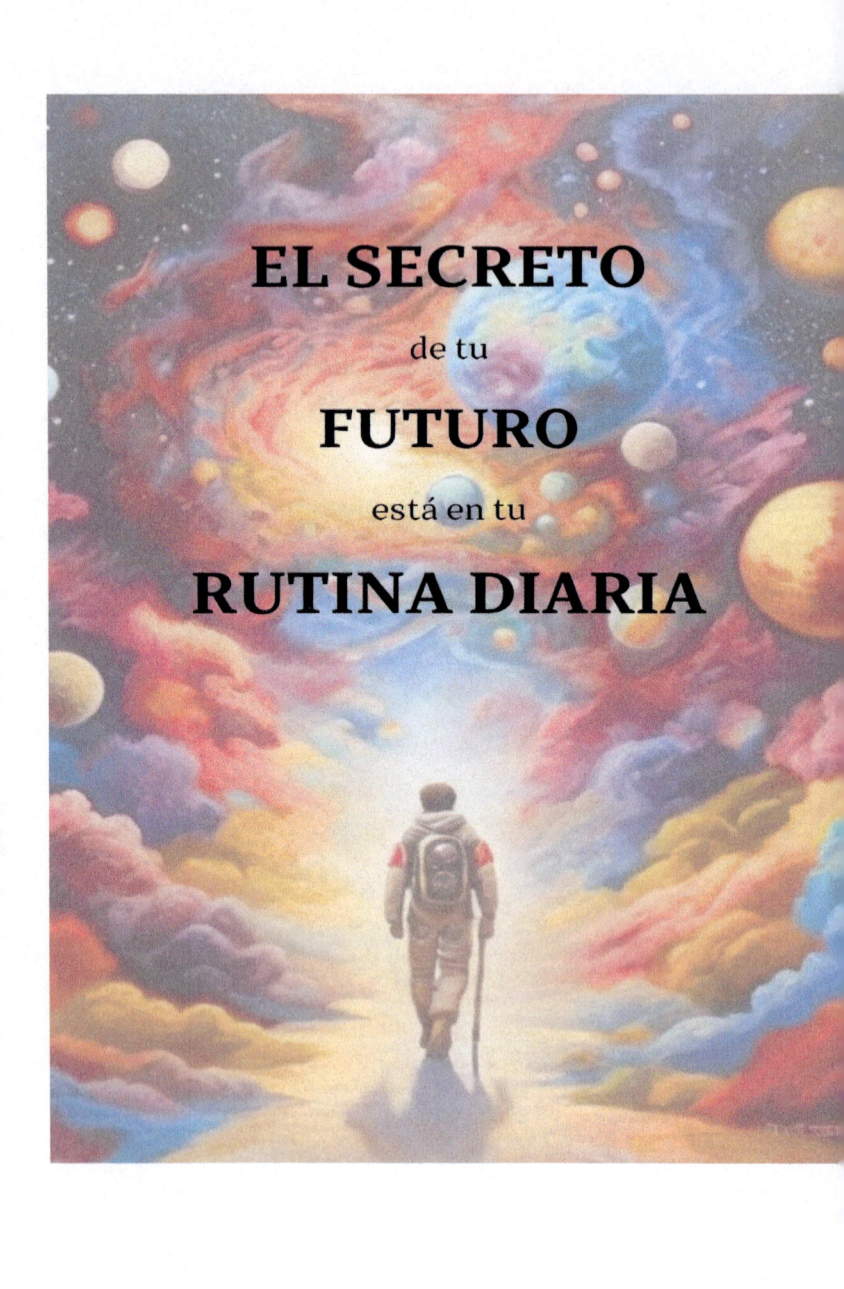

de tu

FUTURO

está en tu

RUTINA DIARIA

Una vez comiences, establecerás la rutina y, poco a poco, comprobarás que lo haces con menos esfuerzo.

Así es como debemos realizar todo lo que nos propongamos.

Nadie se hizo escritor, conferenciante, director, empresario, culturista ni artista de éxito de la noche a la mañana. Da igual cuál sea tu sueño: la planificación de metas y la organización son clave.

Es necesario tener un plan y cumplirlo.

Rétate a comprometerte.

El riesgo de comenzar es ser principiante, pero si te sumerges en el proceso de los hábitos exitosos y consigues disfrutarlos, tu potencial será imparable.

La única diferencia entre las personas exitosas y tú es la acción masiva y la responsabilidad que asumen sobre su vida.

No te pongas excusas, solo comienza. Y el día perfecto es hoy. No necesitas motivación, solo disciplina y empezar poco a poco.

ELIGE HOY COMENZAR CON AMOR Y TIEMPO,

TRANSFÓRMATE DE ORUGA A MARIPOSA

3. La organización. El poder de la rutina.

LA ORGANIZACIÓN ES CLAVE.

Una vez has planificado tu vida y has establecido objetivos cuantitativos, te enseño a desglosarlo en tu rutina para empezar progresivamente.

Si no sabes tus metas de vida, no te preocupes. Estableceremos una buena rutina que seguro que nos lleva a un buen destino, y teniendo en cuenta que todos los caminos son válidos, así será.

- <u>La forma de organización:</u>

La organización es algo muy personal.

La forma básica e indispensable es una agenda anual, en donde podemos apuntar todo lo importante con gran detalle. Esto nos permite tener una visión genérica de los eventos del año y también con precisión de las tareas diarias.

En segundo lugar, te expongo además otras formas de organización de mayor a menor temporalidad y complementarias a tu agenda:

- Un calendario mensual:

Así, podrás ver de forma esquematizada y en un simple vistazo todas las tareas o eventos más relevantes que tienes que hacer a lo largo del mes:

PLANIFICADOR MENSUAL

NO BAJES LA META, AUMENTA EL ESFUERZO

04 / 2024

DOMINGO	LUNES	MARTES	MIÉRCOLES	JUEVES	VIERNES	SÁBADO
	1	2	3	4	5	6
7	8	9	10	11	12	13
14	15	16	17	18	19	20
21	22	23	24	25	26	27
28	29	30				

NOTAS

_____
_____
_____
_____
_____

IMPORTANTE

_____
_____
_____
_____
_____

◻ <u>Una plantilla semanal:</u>

Con esta planificación verás las tareas repetidas a lo largo de la semana. Es muy efectiva, ya que podrás exprimir al máximo los tiempos al establecer patrones comunes:

	Lunes	Martes	Miércoles	Jueves	Viernes
6:00	\multicolumn{5}{c}{Desayunar y arreglarme}
7:00	Leer 30 min y meditar 5 min				
8:00	Escribir y organizarme el día				
9:00					
10:00					
11:00			Trabajo		
12:00					
13:00					
14:00	Comida y siesta/paseo por la naturaleza				
15:00					
16:00					
17:00			Trabajo		
18:00					
19:00	Gimnasio/ Actividad que te guste y ducha				
20:00					
21:00			Cena		

Una plantilla diaria:

1 enero 2023 *domingo*

Pequeñas acciones diarias para una vida saludable y consciente:

- 5 frutas al día
- 2 litros de agua
- meditación 5 minutos al día
- Agradecimientos
- 1 hora de deporte

Empezar con los objetivos a corto y medio plazo:

Notas

take care of your mind

Lista

Mis brillantes *ideas*

Consejo:
Arranca el día SONRIENDO

LENTAMENTE

es la forma más

RÁPIDA

de alcanzar todo lo que quieres

- <u>Hábitos exitosos en la organización:</u>

TRANSFORMA TU RUTINA EN EXITOSA

En esta parte del método aparece como elemento fundamental la constancia. Con ella, alcanzaremos la clave de la excelencia que, aunque lo pueda parecer, no es la perfección, sino la repetición de las actividades que aseguren un balance en nuestra vida. Por tanto, no es necesario hacerlo todo perfecto (y menos al inicio), sino hacer de todo y pasárnoslo bien mejorando.

Cuando aplicas la constancia mediante la repetición, aunque lo hagas poco y mal, vas mejorando, y al final eres mucho más que excelente.

Es mucho más importante la disciplina que la perfección, y el coste de empezar es no hacerlo bien.

"Nadie hace nada perfecto la primera vez"

Hayao Miyazaki, director de cine y animador

Por eso, yo premio al que intenta, no al que falla. Si intentas siempre ganas, y a mayor probabilidad de intentos, mayor probabilidad de aciertos.

"Rendirse es la única manera segura de fracasar"

Gena Showalter

Siempre me ha gustado hacer todo tipo de actividades, vivir experiencias a mínimo coste y, cuanto más variadas, mejor.

Por eso, a continuación, te propongo una lista de hábitos para establecer en tu rutina hasta convertirla en exitosa. Te recomiendo incluirlos de forma progresiva, en cantidad y en tiempo.

Por ejemplo, puedes comenzar por leer solo 10 minutos, meditar 5 y hacer 20 minutos de deporte diarios.

Todas esas pequeñas dosis acumuladas durante semanas, meses y años, hará que avances décadas en meses.

Confía en el proceso y fúndete en él.

Step by step

Es muy importante saber priorizar tareas en función del momento vital en el que estamos, destinando nuestros recursos y energía a las tareas verdaderamente importantes.

Estos son algunos de los hábitos exitosos que componen el *Método Transforma* y que considero que toda persona debería incluir en su rutina. Son orientativos y cada uno tendrá que identificar los que encajan mejor con su vida.

El *Método Transforma* te propone:

- <u>Agradecer</u>: este es el más importante. Te recomiendo empezar el día dedicando 5 minutos a repasar todas las cosas buenas que tienes.

Gracias por tener un techo, comida, ropa, luz, agua, calor, amistades, amor, dinero, felicidad...

Esto hará que empieces el día con una actitud positiva y con una mentalidad de abundancia. Lo que transmitirás y cómo te sentirás es como si lo tuvieras todo, atrayendo más de ello.

Es más: recomiendo agradecer por todo, lo tengas o no lo tengas. Si agradeces por las cosas que quieres o de las que careces, como si ya las tuvieras, serán el motor para la acción y manifestación que te llevará a conseguirlo.

*No obstante, el proceso de manifestación se explicará con más detalle en el tercer libro de la trilogía *"Conviértete en tu mejor versión a nivel Espiritual"*.

- Leer: la lectura es uno de los hábitos más exitosos que hay, vinculando el crecimiento personal y el entretenimiento.

Te permite mejorar tu vocabulario, expandir tu aprendizaje, empatía, aprendizaje e imaginación, ampliando también tus puntos de vista, y relativizando tus problemas al dejar de prestarles tanta atención.

Además, te permite focalizar tu atención en una sola cosa, pudiendo desconectar de las pantallas en un mundo lleno de impactos por minuto.

Los libros están llenos de grandes experiencias y aprendizajes que tienes a tu disposición.

- Formarte: este hábito consiste en aprender, formándonos académicamente con cursos, libros, conferencias, escuchando podcast… siendo la formación mucho más amplia que estudiar según el sistema educativo, porque se trata de aprender sobre cualquier tema que te interese: psicología social, deportes, educación financiera, etc.

"La única diferencia entre lo que eres hoy y lo que vas a ser, es lo que sabes"

Sergio Cánovas

- <u>Escribir</u>: ocurre lo mismo que al leer: podrás exponer tus ideas y estructurarlas. Es una buena forma de relajarte e incluso desahogarte entregándole tus preocupaciones al papel.

- <u>Meditar</u>: la meditación es un gran hábito, fundamental en el *Método Transforma*. Aparece tanto en la parte física como en la espiritual. Te explicaré las razones por las que meditar es uno de los hábitos más exitosos y cómo hacerlo de forma sencilla en tres pasos.

- Levantarte temprano, antes del amanecer: al ganar al sol sentirás una sensación de autorrealización que te dará la fuerza suficiente para aprovechar el día al máximo. Las horas son las mismas para todos, y aunque este hábito no es necesario, sí es recomendable.

- Ducha de agua fría: considero que este hábito es una forma increíble de retar a nuestro cuerpo y educar a nuestra mente.

Estas duchas tienen muchos beneficios sobre nuestra salud, como aumentar la circulación sanguínea, mejorar la piel y el cabello al cerrar los poros, sellar las cutículas capilares y fortalecer el sistema inmunológico.

A nivel hormonal, dispara la noradrenalina y la adrenalina, aumentando la atención, la concentración y la energía. Además, genera endorfinas, hormonas de la felicidad que mejoran nuestro estado de ánimo y tienen efectos analgésicos.

Una ducha fría puede cambiarte el día.

- Naturaleza: Dado que es nuestro origen, de donde todo surge y donde deberíamos desenvolvernos, el *Método* recomienda incluir la toma de contacto con la naturaleza en nuestra rutina, sintiéndonos parte integradora de ella.

Mejora nuestro estado de ánimo, reduce el estrés, aumenta la relajación, la creatividad, mejora la salud cardiovascular y nos da equilibrio a nuestra vida.

Tiene multitud de beneficios mentales, físicos y emocionales.

Personalmente, me gusta dar un paseo por el campo después de comer. Me relaja y me da mucha más energía que una siesta, me ayuda con la digestión y puedo tomar el sol mientras camino. La vitamina D es necesaria, debiendo tomar diariamente 15 minutos de sol.

- Hacer deporte: este hábito es un gran potenciador de la transformación, siendo uno de los bloques del segundo libro del *Método Transforma* "Conviértete en tu mejor versión a nivel físico".

Se recomienda como norma general que los adultos hagan al menos 150 minutos de actividad física moderada semanales o 75 minutos intensos, junto con ejercicios de musculación 2 veces por semana.

- Trabajar

- Ir a eventos, excursiones, ponencias

- Descansar y ocio

Es importante que tu rutina sea variada y planificada en espacios cortos de tiempo. Si te organizas bien, te dará tiempo a todo, y la priorización de actividades es clave.

P.S.: Recomiendo dejar siempre un espacio para el ocio y el descanso para evitar colapsar.

"Lo que configura nuestras vidas no es lo que hacemos de vez en cuando, sino lo que hacemos de forma consistente"

Tony Robbins

ENFÓCATE
en el presente y trabaja por tu
FUTURO
todos los días

Autor desconocido

4. El poder de la mente. Cambio de una mentalidad negativa a positiva.

¿Qué es la mente?

La mente es el núcleo del *Método Transforma*, es la herramienta más valiosa y compleja del cuerpo humano, que tiene la capacidad de condicionar positiva o negativamente tu vida.

La vida que queremos está directamente relacionada con la mente que cultivamos. Por ello, si quieres tener una vida afortunada, deberás comenzar trabajando tu mente.

La mente engloba el conjunto de capacidades cognitivas incluyendo procesos como el pensamiento, la percepción, la conciencia, la memoria y la imaginación (Doctor Pedro Moreno Gea, Dr. Jerónimo Saiz, 1996).

¿Cómo funciona? ¿Qué es el cerebro?

El cerebro es el soporte físico de la mente, y la comprensión básica de su funcionamiento es necesaria para que transformes tu mente, ya que, como decía la neurocirujana Marta Ligioiz, "cuando quiero cambiar algo tengo que saber por qué ocurre".

Los 3 cerebros

Como demostró en 1960 el neurocientífico Paul McLean en la teoría evolutiva del cerebro triuno, tenemos tres áreas: el cerebro reptiliano, el límbico y el neocórtex.

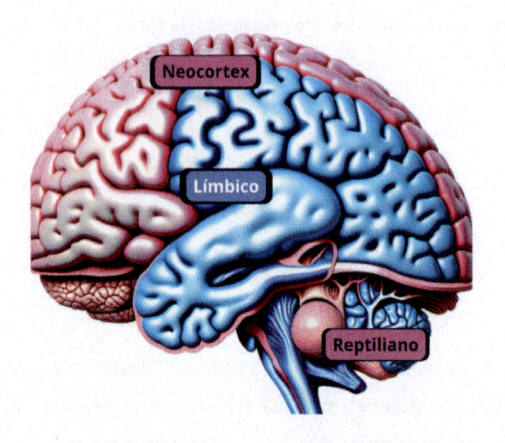

Imagen generada por IA usando Leonardo IA

El cerebro reptiliano es el más antiguo y primitivo. Hace que sobrevivamos, se encarga de funciones básicas como regular el ritmo cardíaco, la respiración y la temperatura corporal. Vive siempre en el presente y no tiene capacidad de aprender. Reacciona. Si se alerta, hace que huyamos, ataquemos o nos bloqueemos.

Límbico: esta área se centra en las emociones, las interpreta y libera hormonas.

Neocortex: esta es la parte más nueva del cerebro, llevando solo un millón de años, frente a los 500 millones que lleva el primitivo. Es el encargado de filtrar la información, la conciencia y anticipar el futuro. Es muy importante entrenarlo (Psicóloga Pilar Muñoz Alarcón, 2020; M Silva Barragán, 2020).

También es importante entender que, según el neurólogo celular Bruce Lipton, solo el 5% de nuestro cerebro es consciente y el 95% restante es subconsciente. Más adelante veremos todo lo que anida en el iceberg de la mente y cómo puedes usarlo a tu favor para tu transformación.

Los dos hemisferios

En 1960, Roger Sperry descubrió que los dos hemisferios funcionaban de forma independiente, y lo llamó *cerebro dividido*, convirtiéndose en Premio Nobel de Medicina en 1981 (Hr Urréa, 2010).

A continuación, el método muestra una ilustración con las funciones de los dos hemisferios:

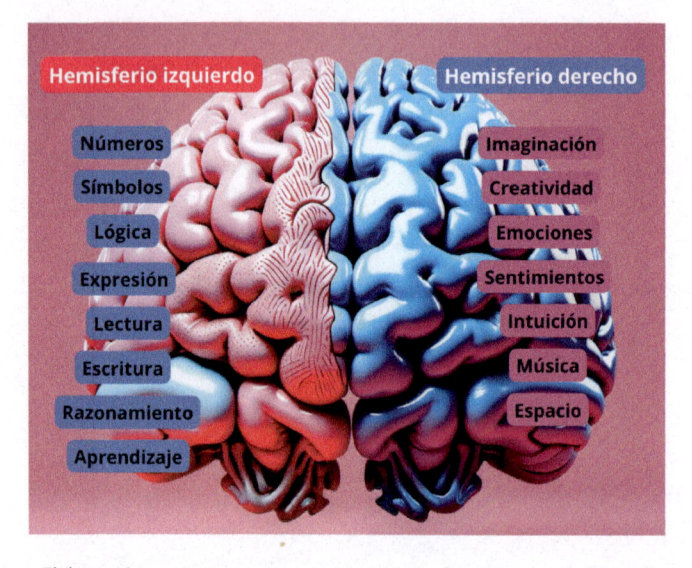

Elaboración propia con canva e Imagen generada por IA usando Leonardo IA, información: Sonia Silgado, 2020.

Cambio de una mentalidad negativa a positiva

Mi gran cambio se produjo cuando comencé a entender las circunstancias negativas de mi vida como oportunidades para el crecimiento y la expansión.

Problema = Oportunidad

Desgracias = Des gracias

Nada de lo que ocurre es negativo: cada una de las circunstancias difíciles por las que atravieses te ayudarán a crecer y a mejorar como persona, pudiendo extraer aprendizajes de cada situación.

Es de gran importancia entender que no vemos el mundo como es, sino que realizamos representaciones internas de nosotros mismos, de los demás y del propio mundo.

Entendemos la realidad según los patrones de nuestra mente y nuestras creencias, dando más valor a nuestra representación de la realidad que a la propia realidad.

Esto quiere decir que nuestro mundo está limitado a nuestra mente.

Por ejemplo, hay personas que piensan que no son lo suficientemente válidas, y aunque su entorno les diga lo contrario, estas personas siguen pensando de la misma forma. Esto ocurre porque dan más valor a su representación particular que a la propia realidad.

En primer lugar, debemos preguntarnos:

¿Qué me está limitando?

Las creencias son aquellos patrones aprendidos durante toda nuestra vida. Se trata de afirmaciones que hemos dado por válidas por nuestra propia experiencia, repetición, aprendizaje u observación en la vida de otras personas; afirmaciones que hemos asumido, integrado y fijado en nuestra mente a nivel consciente o inconsciente.

Existen muchas creencias que hemos dado por válidas y, como veremos en el método, es importante distinguir entre las que nos limitan y las que nos impulsan o transforman.

Tienes el poder de elegir cuáles son las creencias con las que quieres quedarte para que te motiven diariamente.

Debes elegir los pensamientos positivos frente a los negativos, y transformarlos de forma consciente.

Mente positiva VS negativa y sus consecuencias

Pensar en positivo tiene multitud de beneficios, como mejorar la salud mental, reducir el estrés, adquirir resiliencia, fomentar relaciones saludables... entre otros. En definitiva, cultivaremos una mente positiva.

Sin embargo, los pensamientos negativos te perjudican, disminuyendo tus capacidades de aprendizaje, de creatividad y de creación, limitando tus oportunidades al ver obstáculos, pudiendo tener grandes impactos negativos sobre tu vida y salud.

Las excusas y los pensamientos negativos son la antesala de tus propios miedos, y el miedo paraliza.

Tu ánimo, tu actitud y tu predisposición cambiarán si piensas en positivo.

Algunos de los ejemplos de creencias limitantes según el cirujano Mario Alonso Puig son:

1. <u>Pensar que vivimos en un universo hostil y no en un universo benevolente</u>.

Esto quiere decir que debemos pensar que el mundo es bueno y no malo.

Debemos confiar en que hay una inteligencia superior y un amor infinito trabajando para nuestro mayor beneficio, en vez de un mundo cruel.

2. <u>No saber que el mundo real es mucho más benevolente que el mundo mental</u>

Es decir, el mundo real es mejor de lo que pensamos.

Tu representación mental interna y del mundo es mucho más limitante y negativa que la realidad.

"No vemos el mundo que es, sino el mundo que somos"
Mario Alonso Puig

Cabe mencionar que la mayoría de las suposiciones o escenarios negativos que imaginamos en nuestra mente no llegan a suceder, y nos afectan física y psicológicamente.

"El 90% de las cosas que nos preocupan jamás suceden y sin embargo esos pensamientos tienen un impacto directo sobre nuestra salud"

Marian Rojas Estapé

Además, es importante conocer que el cerebro no es capaz de diferenciar entre lo que es real y lo que es imaginario.

Si sonrío, aunque esté triste, el cerebro mandará la orden y se generarán las mismas hormonas de la felicidad: serotonina, oxitocina, dopamina...

Sin embargo, aunque el escenario negativo sea imaginario, el cuerpo generará las mismas hormonas negativas preparándonos para afrontar las amenazas y, al no usarse, nos intoxican pudiendo generar síntomas físicos (Sandra Alonso, 2023).

Algunos pensamientos negativos comunes son: *¿y si tengo la enfermedad más grave?, ¿y si va mal la operación?, ¿y si me despiden del trabajo?...*

Un ejemplo es el cortisol, la hormona del estrés. El cortisol puede tener consecuencias negativas como la caída de pelo, problemas gastrointestinales, tiroides, e incluso generar enfermedades como cáncer y enfermedades cardiacas, entre otras.

Por ejemplo, si piensas que va a ser un buen día, la corteza prefrontal tiene un aumento del flujo de sangre y aumentan las conexiones neuronales, preparándose tu cerebro para que seas capaz de hacerlo.

Está demostrado por la epigenética que se pueden restaurar neuronas por la forma en la que pensamos. Estudios recientes demuestran que nuestros pensamientos y las perspectivas afectan a nuestros genes. Los genes no pueden cambiarse, pero sus patrones de expresión sí (modulación epigenética; Irene García, s.f.).

La demostración más simple es el *efecto placebo*. Un placebo es una sustancia o acción inactiva como un fármaco o tratamiento médico. Una pastilla que no funciona, pero como el paciente no lo sabe y cree que sí, mejora.

Esto explica, tal y como dice la médica científica Luana Colloca, que "nuestros pensamientos no son independientes de las respuestas de nuestro cuerpo" (National Institutes of Health, 2023; RM Lam Díaz, 2014).

El simple hecho de pensar en algo provoca que el cerebro libere mensajeros químicos (neurotransmisores) que controlan las funciones del cuerpo.

Una vez tenemos todo este conocimiento, sabiendo que nuestros pensamientos influyen en cómo nos sentimos y accionamos, y tienen la capacidad de "regenerar neuronas" y afectar positivamente a nuestra salud, podemos usarlo a nuestro favor.

3. <u>Desconocer que nuestros juicios no son la realidad</u>

Si nuestro mundo está limitado a nuestra mente, lo que pensamos no es la realidad, sino nuestra perspectiva de la realidad.

Por ello,

"El mapa no es el territorio"

Alfred Korzybski

Este es uno de los principios fundamentales de la PNL, la *programación neurolingüística*, de la que hablaré más adelante.

En la afirmación, se describe que la información que encontramos en un mapa no muestra exactamente el territorio, sino que es una representación de este y no es exacta a la realidad.

Es decir: cada persona interpreta las cosas de forma diferente.

En conclusión, para romper con nuestra mente negativa debemos desconectarnos de nuestro diálogo interno negativo, reconociendo que nuestra mente está limitada a nuestro mundo y transformándola en una mente consciente positiva.

Es momento de elegir cuidadosamente cuáles son las creencias y pensamientos con los que quieres trabajar para transformarte.

Tu salud futura puede verse condicionada por tus pensamientos presentes. Si somatizas emociones generadas por pensamientos negativos, puedes enfermar.

Toma el control de tu mente y de tu vida.

La diferencia entre la

PEOR
y
MEJOR

VERSIÓN DE NOSOTROS

es nuestra

ACTITUD

Marian Rojas Estapé

Transforma tu mente y tu realidad

Cuando estás en una habitación, no ves lo que está detrás de ti, solo ves lo que está ante ti. Esa es tu realidad.

Donde pones tu foco y tu atención, pones tu realidad.

El foco de la mente lo controlas tú. Tú creas tu realidad con tus pensamientos.

Está demostrado que la visualización y la proyección de imágenes que generan emociones de entusiasmo crean nuevas conexiones neuronales en tu cerebro.

En conclusión, debes controlar tu imaginación hacia escenarios positivos y evitar los negativos.

Acostumbro a pensar que donde pones tu foco pones la energía, teniendo la capacidad de potenciarlo.

La opinión de las personas no tiene ningún valor a no ser que tú la asumas como verdadera; en ese caso, se hará realidad.

Si alguien en tu infancia te dijo algo negativo y tú lo asumiste como real, se crea por ti, no por lo que ellos te dijeron.

Tú lo hiciste real al darle veracidad en tu mente.

Tú creas tu realidad.

Lo que crees, lo creas

Los valores

Según el *Método Transforma*, una mente transformada tiene como base valores firmes.

Vivimos en una sociedad donde se valora el estatus, el reconocimiento, la seguridad y el prestigio. Depender de estos valores te harán mantenerte en una zona de confort, pero no de crecimiento.

El *Método Transforma* considera que la zona de confort es la de crecimiento 0. Limita tu evolución y no fomenta el modo de *vivencia*, sino de *supervivencia*.

Por ello, deberás establecer los valores que quieres tener de acuerdo a tu plan, para trabajarlos y potenciarlos. Esto es lo que marca la diferencia en tu éxito.

Las mayores palancas de poder son:

    a) El valor de crecer y descubrir cosas nuevas.

    b) El valor de evolucionar.

c) El valor de contribuir y ayudar.

Estos tres valores te impulsan a ti, a tu círculo cercano y a la sociedad.

Tú tienes el poder de elegir qué mente quieres tener

Tu mente condicionará tu futuro

Tienes el poder de crear la vida que deseas

5. Controla tus pensamientos

Es importante controlar los pensamientos, porque esos pensamientos van ligados a nuestras emociones, que condicionan nuestras acciones.

Para poder transformar nuestra mente es necesario que entendamos qué es y cómo la podemos modificar o cambiar.

Los pensamientos aparecen como la voz interior que nos habla. Santa Teresa de Jesús llamaba a la imaginación "la loca de la casa"; decía que nuestro diálogo interno era como una "tarabilla", una pieza del molino, cuya función era hacer ruido para indicar que funcionaba. Por ello, hay que "dejar hablar a esa loca", sin interrumpirla, pero sin prestarle atención.

Es importante aprender a callar ese diálogo incesante, rumiante y repetitivo que en muchas ocasiones lo único que hace es exigir, limitar, o aún peor, culpabilizar.

En mi intento de controlar los pensamientos entendí que mi ruido interno no lo generaba mi entorno, sino mi diálogo interno. El problema era mi mente. Al estar sola y callada, era insoportable, "no callaba".

> Mira adentro. No te molestan los demás.

Mi solución llegó cuando aprendí a meditar, a calmar la mente, y a controlar mis pensamientos. La consecuencia era que tenía mucha más energía y me sentía genial.

Por ello quiero compartir contigo tres técnicas que utilicé:

1. Pensamiento positivo

Transformar los malos pensamientos con nuevos pensamientos positivos, con un listado de frases buenas para pensar.

Nuestra mente tiene una gran cantidad de pensamientos cada minuto, siendo imposible observarlos, pararlos o controlarlos todos.

Dado que los pensamientos están vinculados a emociones (si pienso bien me sentiré bien y si pienso mal me sentiré mal), podemos utilizarlo en recorrido inverso:

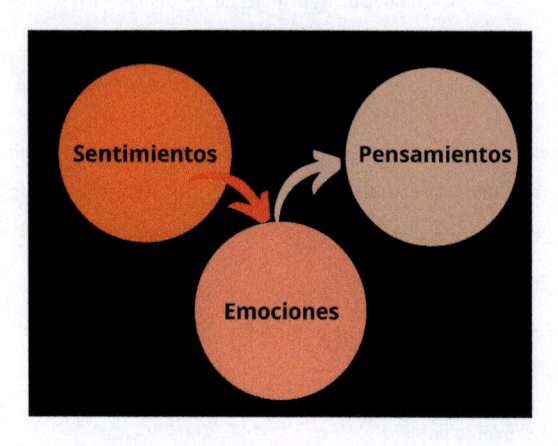

Ilustración: Elaboración propia

Será más fácil observar cómo nos sentimos, y si te sientes mal, pensar bien, ya que ese mal sentimiento viene por un mal pensamiento.

Una vez soy capaz de identificar la emoción negativa generada por pensamientos negativos, cancelo ese proceso pensando conscientemente bien (lista de pensamientos positivos para transformar mi emoción).

De esa forma, pienso y me siento bien, transformando un círculo vicioso en un círculo virtuoso.

2. Agradecer

Otra de las formas de callar la mente y atraer resultados positivos es centrarnos en lo que tenemos, no en lo que nos falta.

El *Método Transforma* te propone un nuevo ejercicio.

Todos tenemos infinidad de cosas que agradecer en este momento.

Haz una lista de todo aquello externo a ti. Así, deberás leer la lista diariamente, para comenzar el día agradeciendo de forma consciente todo lo positivo que tienes y lo afortunado que eres.

Si tienes comida en el plato, un techo y una cama, ya eres mucho más rico que gran parte de la población mundial.

Algunos ejemplos: "Gracias porque...

- ...tengo el frigorífico con comida"
- ...tengo agua potable"
- ...tengo un techo"
- ...tengo una cama"
- ...tengo ropa, ropa de abrigo"
- ...tengo la posibilidad de tener calor o frío cuando quiera"
- ...tengo salud"
- ...tengo amistades valiosas"
- ...tengo dinero suficiente"
- ...tengo amor" (no tiene por qué ser amor de pareja (TÚ YA ERES AMOR)).

Una vez comienzas a ser agradecido abandonando la queja y la crítica, te centrarás en ti y en lo que tienes, pensarás mejor, te sentirás mejor, actuarás con más ganas y todo comenzará a mejorar a tu alrededor de forma exponencial.

"La gratitud es riqueza, la queja es pobreza"

Doris Day

"La raíz de todo bien crece en la tierra de la gratitud"

Dalai Lama

Ejercicio 6: Lista de agradecimientos

1. _____
2. _____
3. _____
4. _____
5. _____
6. _____
7. _____
8. _____
9. _____

La gratitud es un valor, una emoción, un sentimiento o una actitud de reconocimiento por un beneficio recibido o que se recibirá en el futuro.

Históricamente, la gratitud ha sido el foco de muchas religiones y se ha estudiado desde la filosofía.

Este es uno de los valores que marcará nuestra capacidad de ser grandes, y recomiendo incluirlo como hábito.

Concretamente, lo definiría como un hábito exitoso, y es suficiente con realizarlo 5 minutos al día.

Pongo un listado de mis agradecimientos diarios:

- Gracias por la comida (por poder comer 3 veces al día).
- Gracias por tener un techo.
- Gracias por tener luz, agua, gas, calor y frío.

Quiero que seas consciente que con cumplir esas tres ya eres millonario: eres mucho más rico que gran parte de la población mundial.

- Gracias por poderme permitir ocio...
- Gracias por lo feliz que soy...
- Gracias por la salud que tengo y la salud de mi entorno...
- Gracias por la suerte que tengo y lo afortunada que soy...
- Gracias por el amor propio, de familia, de amigos y de pareja que tengo...
- Gracias por lo bien rodeada que estoy, de mi familia y amigos que me impulsan, apoyan y enseñan siempre...
- Gracias porque tengo TODO...
- Gracias por el dinero que tengo...
- Gracias por tener ropa...

- Gracias por tener abrigo...
- Gracias por tener agua caliente...
- Gracias por tener universidad/estudios/trabajo...
- Gracias por las nuevas amistades buenas y conscientes...
- Gracias por el éxito, por mi futuro...
- Gracias por las experiencias enriquecedoras vividas y las que quedan por venir...
- Gracias por mi crecimiento a todos los niveles (personal, físico, mental y espiritual) ...
- Gracias por mi despertar espiritual que me permite llevar una vida consciente ayudando a los demás...
- Gracias por mi personalidad, mi interés innato y mis ganas continuas e incansables de seguir mejorando y alcanzar mi mejor versión...
- Gracias por mi cambio de etapa, por mi valentía e inconformismo...
- Gracias por mi fuerza y el cambio a una nueva ciudad, con nuevas experiencias y amistades y trabajo muy positivas...
- Gracias por ser una empresaria inmobiliaria de éxito alicantina, feliz, con hijos, pareja, dinero, salud, amor, felicidad, abundancia, familia, amigos, paz, plenitud y bondad...

Agradecer por lo que tienes en vez de quejarte por lo que te falta hará que cambies de una perspectiva de carencia a una de abundancia.

Cambiarás las quejas por agradecimiento:

- *"No me gusta esta comida"* > *"Soy muy afortunada porque tengo qué comer"*.

- *"Otro lunes de mierda más, qué pereza ir a trabajar"* > *"Soy una afortunada porque tengo un trabajo al que ir"*.

La repercusión de esto es que, al vibrar en abundancia, atraeremos más.

Te recomiendo que escribas tu propio listado.

Importante: si incluimos la ley de la atracción en esta parte, diría que: "lo que crees, lo atraes", por lo que agradece por lo que tienes y también por lo que quieres (aunque no lo tengas) como si ya lo tuvieras.

Todas estas afirmaciones fueron escritas por mí hace mucho tiempo; en concreto, el amor de pareja llevo agradeciéndolo como si lo tuviese hace años (justo el que quiero), y meses antes de escribir este libro, ha llegado a mí como si de un encargo a medida se tratase.

Así que, ante la duda, agradece por todo mínimo 5 minutos al día: pasarás a tener una mente mucho más positiva y, por tanto, todo empezará a mejorar.

Todo empieza dentro de ti.

Un 'gracias' o una sonrisa
puede mover el mundo, nuestros mundos.

3. Meditar

Meditar es callar la mente y dar espacio a nuestro verdadero *yo*. Aunque te suene extraño, "místico" o difícil, es más sencillo de lo que crees.

Lo sé porque yo también pasé por ello.

Por eso, quiero explicar de forma sencilla qué es meditar y cómo hacerlo:

Meditar es una práctica para trabajar la atención plena en el momento presente o enfocar la mente en un pensamiento, objeto o actividad. De esta forma, entrenaremos la atención para conseguir serenidad y claridad mental.

Meditar en tres pasos fáciles:

1. Ponte cómodo y cierra los ojos.
2. Haz tres respiraciones profundas (toma aire en 3 segundos, aguantando 2 y soltándolo en 6).
3. Respira con normalidad mientras centras tu mente en una sola cosa.

Puedes contar del número 100 al 1 (en otro idioma diferente para centrar más tu atención).

Con realizarlo cinco minutos al día es suficiente. Conviene estar en un lugar tranquilo, y debes tener en cuenta que formas de meditación hay muchas, pero simplemente con parar nuestra voz interna y observar sería suficiente.

Los beneficios de meditar son innumerables (D Goleman, R Davidson, 2023):

- Controlar el estrés.
- Aumentar la autoconciencia y la calidad del sueño.

- Centrarte en el momento presente.

- Reducir emociones y pensamientos negativos.

- Te da una perspectiva diferente en situaciones estresantes.

- Aumentas la paciencia, la tolerancia, la imaginación y la creatividad.

- Bajas la frecuencia cardiaca, bajas en reposo la presión arterial.

"Tu calidad de vida depende de la calidad de tus pensamientos"

Anthony Robbins

"El cuerpo **CREA** lo que la mente **CREE**"

Autor desconocido

6. Emociones

Según el *Diccionario de Neurociencia* de Mora y Sanguinetti (2004), las emociones son reacciones conductuales y subjetivas producidas por una información proveniente del mundo externo o interno (memoria) del individuo.

La emoción es el motor que llevamos dentro, una energía codificada en circuitos neuronales localizados en zonas profundas de nuestro cerebro. El sistema límbico es la parte del cerebro que se encarga de elaborarlas (F. Mora, 2012).

Ekman, un autor muy relevante en el estudio de la emoción, consideró que las seis emociones básicas son ira, alegría, asco, tristeza, sorpresa y miedo (Ekman, 1973; Mc. Montañés, 2005).

A lo largo de la historia se han propuesto gran cantidad de clasificaciones sobre las emociones (Bisquerra, 2014):

- Positivas: alegría, humor, amor y felicidad.
- Negativas: miedo, ansiedad, ira, tristeza, rechazo y vergüenza.
- Ambiguas: sorpresa, esperanza y compasión.

Al contrario de lo que muchas personas piensan, las emociones no deben controlarnos a nosotros. Podemos controlar las emociones y cómo nos sentimos, porque no es una cuestión de lo que pasa fuera, sino de cómo somos dentro.

Antes de ver cómo controlarlas, es importante conocer el efecto tan negativo que puede tener no hacerlo.

Somatización de emociones

Somatizar emociones significa transformar los problemas psicológicos en síntomas físicos.

Las emociones negativas tienen un gran impacto sobre nuestra salud mental y física (JAP Rodríguez, VR Linares, AEM González, 2009).

Esta somatización es una forma de defensa ante la ansiedad emocional. El cuerpo libera químicos en ese conflicto emocional, genera ansiedad y se desplaza al sufrimiento materializado en síntomas físicos.

Esas emociones, con el tiempo, pueden quedar en nosotros en forma de bloqueos emocionales.

Algunos de los síntomas comunes son dolores de cabeza, de articulaciones, de pecho, de estómago, de espalda, problemas gastrointestinales, náuseas, vómitos, mareos o ardor. Sostenidos en el tiempo pueden generar enfermedades (MS García, 2013; J Moral de la Rubia, JL Vázquez Medina, 2010).

Con esto, solo quiero que seamos conscientes del problema que puede significar una mala gestión de emociones y el impacto real de ellas llevado al extremo.

Es muy importante conocernos.

Si te ocurre:

1- Identifica qué emoción es la que sientes y busca si la relacionas con algún problema que tengas.

2- Si has encontrado la situación, mira qué efecto produce. Identifica lo que te pasa y cuál es el problema.

A esto se llama *Shadow Work* (trabajo de sombras):

- ¿Qué me pasa?
- ¿Qué siento?
- ¿Por qué?
- ¿Qué emociones me provoca?
- ¿Está dentro o fuera de mí la situación?
- ¿De dónde viene?

Intenta llegar a la raíz del problema, suponiendo que esté a nivel consciente, ya que, si no lo solucionas, solo va a empeorar.

3- No evites el problema y, si no sabes identificarlo, pide ayuda.

4- Pide ayuda a especialistas si la necesitas.

5- Cambia la forma de pensar (ver Capítulo 4, *El poder de tu mente, Cambio de una mentalidad negativa a positiva*).

6- Cuida tu rutina y tu círculo de influencia, ábrete a personas y a experiencias nuevas.

7- Mantén y cultiva una actitud positiva.

"El cuerpo grita lo que la boca calla, la enfermedad es un conflicto entre la personalidad y el alma"

Dr. Nelson Torres

Aprende a escuchar a tu cuerpo

Cuando aceptas que las circunstancias de la vida son para tu aprendizaje y aprendes a soltar el control y el resultado, tus emociones y resultados cambian. Aceptas las experiencias como motores para tu evolución, aprendiendo las lecciones adecuadas para ti.

Si lo piensas, todas las circunstancias son como deben ser, para nuestro mayor beneficio. De alguna manera, el mal trabaja para el bien, tratando de hacer una mejor versión de ti. Suponiendo que en este momento no puedas verlo, te aseguro que los planes son perfectos y todo se acomodará.

Una vez das lo máximo de ti y aprendes a confiar, todo funciona.

Sentir, identificar y salir de las emociones

Como dije al inicio del libro, creo firmemente que somos seres espirituales viviendo una experiencia humana, donde experimentamos emociones (positivas y negativas) sin quedarnos anclados en ellas. Esto posibilita acceder a un estado de calma y felicidad interna a pesar de las circunstancias externas.

Lo primero será aprender a identificar tus emociones:

¿Cómo me siento?

¿Qué siento?

Y ponle nombre, ¿qué emoción es?

Si la emoción es positiva, disfruta. Si es negativa, analiza su porqué. Una vez le pongas nombre, y veas el porqué, es probable que te sientas mejor.

Es necesario que la aceptes, la abraces y entiendas qué es lo que tienes que aprender:

¿Por qué está ahí?

Después, trata de salir de ella. Suéltala. No te identifiques con ella: tú eres mucho más que esa emoción. Además, tienes el poder de sentirte como quieras.

Sentimos las emociones, pero decidimos si nos quedamos ahí anclados o no. Seguro que alguna vez has escuchado "el dolor es necesario; el sufrimiento es opcional".

En la vida suceden acontecimientos muy difíciles y complicados de integrar, no se puede evitar sentirnos tristes, nerviosos, miedosos, etc. Pero una vez sacado el dolor, tú decides si te quedas anclado a él, victimizándote, o si sales de él.

Plantéate: dentro de 5 años, ¿esto será lo suficientemente relevante para acordarme de ello? Si la respuesta es no, no le dediques más de 5 minutos. Soluciónalo si depende de ti y sal de la emoción.

¿Cómo salgo?

El Método vuelve a hacer referencia al capítulo 4, donde hablamos de la mente, cambiándola de negativa a positiva.

Si detectas que te sientes mal es porque tu sistema de pensamientos en ese momento es negativo.

El Método te propone recurrir a tu lista de agradecimientos o creencias transformadoras.

Establece pensamientos positivos más fuertes y repítelos hasta que te sientas mejor. Además, puedes recurrir a las técnicas de meditación, respiración consciente u observación de tus latidos, además de la lista que te dejo y la que elaborarás más adelante para sentirte mejor.

Recursos para cambiar de emoción

El *Método Transforma* propone una lista de recursos para cambiar de una emoción negativa a una positiva. Esto puede ayudarte a pasar de estar triste o neutral a estar más feliz y calmado.

Esto permitirá cambiar tus sentimientos en un momento: solo necesitas 1 o 2 minutos para cambiar de frecuencia.

- Sonreír
- Reír
- Cantar
- Bailar
- Música alegre o clásica
- Abrazar
- Abrazarte a ti mismo (el consuelo que puedes sentir y la sensación de confort y felicidad es altísimo, se liberan las mismas sustancias de felicidad que cuando el abrazo es de otra persona).
- Agradecer
- Meditar
- Reírte mirando hacia arriba con brazos en jarra

- Pensamientos positivos
- Recuerdos bonitos
- Acontecimientos futuros (positivos), visualizar escenarios imaginarios o tu futuro deseado
- Momento divertido
- Naturaleza (pasear, sentirte parte integradora de la naturaleza)
- Andar
- Hacer deporte o entrenar
- Pensar en una persona que quieres, llamarla o verla
- Baño de espuma
- Encender una vela, olerla y mirarla
- Escuchar frecuencias en YouTube (me relaja mucho escucharlas y me gusta escucharlas de fondo mientras hago tareas).

Ejercicio 6:

El Método te recomienda que escribas tu propia lista con los recursos que creas que te puedan ayudar a cambiar de emociones negativas a positivas. Cuando identifiques que te sientes mal o quieres sentirte diferente, te recomiendo que la uses.

Escribe todas las acciones que creas que te pueden ayudar con una emoción determinada.

Además, quiero realizar una puntualización respecto a la música: las canciones tienen un gran poder creador, por lo que la letra de las canciones es de gran importancia; a nivel subconsciente y consciente se graban en nosotros, tienen poder de manifestación y, psicológicamente, nos afectan al ánimo. Si la canción está creada por nosotros, su poder se intensifica.

Ejercicio 7:
Lista de acciones para cambiar de emoción

Paz:
_____

Felicidad:
_____

Amor:
_____

Alegría:
_____

Motivación- Energía:
_____

Empoderamiento:
_____

...

Otro ejercicio que el Método te recomienda es que te hagas tu propio listado de canciones en función de cómo quieres que te hagan sentir. Os dejo algunos ejemplos de mi lista de canciones o frecuencias:

Paz:

- Frecuencias (432 Hz, 528 Hz, 963 Hz...)
- Interestellar, Hans Zimmer
- Solas, Jamie Duffy
- Soulmate, Andrea Vanzo
- Idea 22, idea 15, Gibra Alcocer

Motivación-energía:

- Victory, Flowers
- The epic, Joystock
- Hall of fame, The Script

<u>Alegría:</u>

- La vida es un carnaval, Celia Cruz
- Bailando, Enrique Iglesias

O cualquier estado en el que te quieras sentir.

Busca tus propios recursos para sentirte como te quieras sentir, crearte a ti y a tu entorno.

Has venido a
SENTIR,
no a sufrir

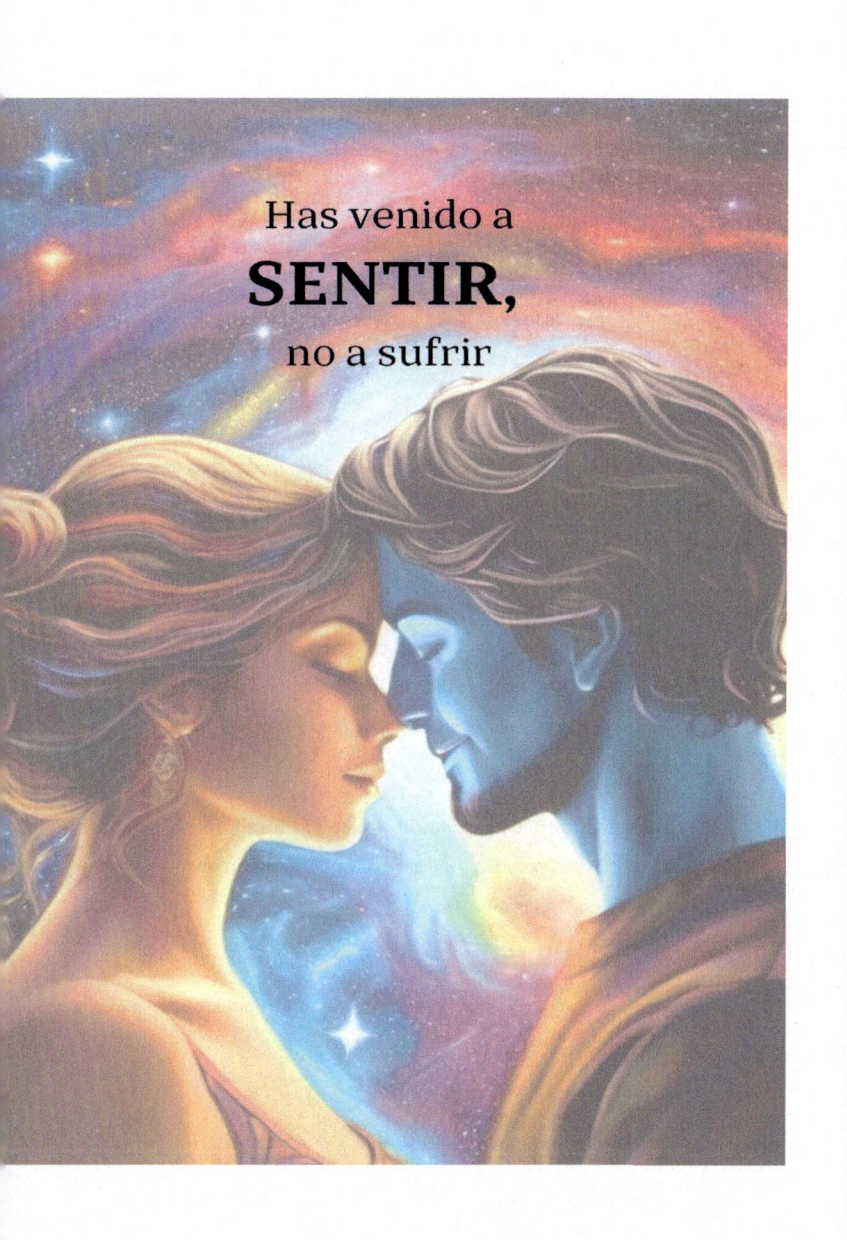

7. Muerte y Renacimiento

Al proceso de construcción desde 0 el *Método Transforma* lo denomina "Muerte y renacimiento".

Entender que debemos romper con nuestra mente anterior para poder volver a construir fue un gran paso en mi transformación personal. Este proceso debe ser recurrente: si la luz del sol muere y nace cada día, ¿cómo no vamos a morir y renacer figuradamente igual que el sol?

No puedes construir nuevos cimientos sobre una base errónea, no puedes avanzar con lastres pasados, con personas que te restan en vez de sumar, con creencias que te limitan.

Se trata de desprogramar tu mente para volver a programarla con lo que te ayude a llegar donde quieras.

El *Método Transforma* requiere hacer un proceso de revisión de:

- Antiguo yo

- Creencias

- Entorno personal (familia, amistades, trabajo, mentores...), dando importancia a tener un círculo exitoso.

> *"Eres el promedio de las 5 personas que te rodean"*
> Jim Rohn

- Traumas del pasado

- Bloqueos que te limitan

Preguntándonos:

- ¿Qué debo cambiar?
- ¿Qué es lo que ya no me sirve?

Realizada la reflexión sobre lo que te limita o te potencia, deberás tomar las decisiones adecuadas en consecuencia con tu objetivo.

La gran mayoría de las veces ya sabemos cuáles son las circunstancias que nos limitan, y basta con sentarnos a escribirlas o tomar la decisión para poder cambiarlas.

La muerte de esas partes limitantes tuyas puede resultar dolorosa, pero el cambio es necesario y es la única forma de poder dar paso a lo nuevo.

Cambio es igual a oportunidad, a transformación

Ese proceso de autocuidado para liberarte del peso es el mayor acto de amor propio que puedes regalarte.

Abandonarás todo aquello, incluidas personas, que no esté alineado con la persona en la que te quieres convertir.

Es muy común que cuando empiezas a despegar, muchas personas dejen de estar en tu camino, porque su línea de evolución es diferente y ya no están en sintonía contigo. Y eso también está bien.

Para las relaciones tengo una premisa establecida: darlo todo por mi parte y, después, aplicar la frase:

"No lo fuerces, déjalo fluir, y si fluye en una dirección diferente, déjalo ir"

A veces, nos aferramos a situaciones, personas o lugares que provocan nuestro estancamiento y dependencia. Si en lugar de vivir en el ego y el apego, vives desde tu esencia y tu SER, esto no ocurre.

El ego es la parte de la mente relacionada con el sentido de uno mismo y su identidad. Según la psicología, se refiere a la percepción individual de la propia importancia, habilidades y roles en la vida (VM Simón, 2001).

Dar muerte y renacimiento al EGO también es una de las partes importantes para reprogramar nuestra mente.

Debemos entender que no somos un rol, un personaje, una profesión, dinero, pareja... Al darle muerte al ego, entenderemos que no somos eso, sino mucho más.

Tenemos que ser muy humildes para dejar atrás lo que nos han contado y nos hemos contado que somos.

El ego es necesario para vivir, para darnos soporte vital, pero no debe ser la base sobre la que gira nuestra vida. Es el vehículo para la consecución de metas y para transformarnos en nuestra expresión más elevada, sin sentirnos identificados con él.

Simplemente, saber que somos más de lo que nos han enseñado que somos.

Ejercicio 8: Muerte y Renacimiento
Reflexión sobre el Ego

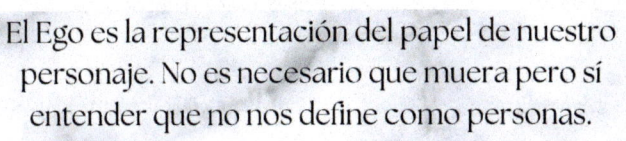

El Ego es la representación del papel de nuestro personaje. No es necesario que muera pero sí entender que no nos define como personas.

1 ¿Cómo te defines? ¿Cómo te presentas? ¿Esa definición está basada en tu profesión, roles...?

_____

_____

_____

2 ¿Cuál es tu nueva definición sin el Ego? ¿Cuál es tu presentación humilde frente al mundo?

_____

_____

_____

Has de saber que, si quieres obtener resultados más ambiciosos o rápidos, tus pruebas serán mayores, con aprendizajes más fuertes y rápidos. Dichos aprendizajes no serán necesariamente malos, pero se pondrán a prueba tu desapego, fe, paciencia y el nivel de compromiso con tus objetivos.

El siguiente ejercicio del *Método Transforma* es escribir una carta a tu "YO" anterior: agradecerle por todo lo que ha realizado y conseguido siempre con los recursos, capacidades y el nivel de evolución que tenía en ese momento.

Escribe las cosas que consideres que no hayas hecho bien o podrías haber hecho mejor, de forma compasiva y amorosa, para que no quede resentimiento en tu corazón. Disculparse desde el amor. Darle las gracias y despedirte.

Por último, quema la carta, como ritual de muerte a lo antiguo, a lo que ya no eres.

Se trata de perdonarte, agradecerte y avanzar.

Seguimos camino de la mejor versión.

Siempre que se realiza un periodo de MUERTE Y RENACIMIENTO, recomiendo fijar nuevos objetivos para el siguiente nivel.

Eleva tu mente

Ejercicio 9: Muerte y Renacimiento
Carta a tu antiguo yo

Querido yo,

Te escribo con amor y cariño para agradecerte todo lo que has hecho hasta este momento, reconocerte y demostrarte que estoy orgulloso de ti. Perdonarte por las situaciones que no has hecho como ahora desearías, entendiendo que hiciste lo que pudiste con las herramientas y recursos que tenías.

No se trata de destruir todo, sino de perdonarte, agradecerte y avanzar

_____

_____

_____

_____

_____

Continuamos con la transformación, te quiero

RENACE
Y
PASA TU MENTE AL SIGUIENTE NIVEL

8. El poder del subconsciente. Reprograma tu mente.

Una vez hemos muerto, comenzamos a renacer, y con ello empieza la reprogramación de nuestra mente.

¿Cómo lo hacemos?

El *Método Transforma* basa la reprogramación en las creencias escondidas en el subconsciente. En primer lugar, voy a explicar las partes de la mente para poder entender el proceso.

Como hemos mencionado en el Capítulo 4, la mente es el conjunto de facultades cognitivas y emocionales de un individuo, incluyendo la capacidad de pensar, razonar, percibir, recordar, sentir emociones y tomar decisiones.

Como explica la Universidad de Piura, la mente se divide en dos subtipologías:

1) La <u>mente consciente</u> es parte de la mente que toma decisiones, planifica y almacena recuerdos a corto plazo.

2) La <u>mente subconsciente</u> constituye un gran porcentaje de nuestra mente, y es donde se alojan los recuerdos a largo plazo, los hábitos, los comportamientos, información, impulsos y nuestras creencias. Influye directamente en la toma de decisiones, pensamientos, emociones y comportamientos.

De esta forma, si nuestros aprendizajes no han sido los adecuados, las respuestas tampoco lo serán.

El subconsciente es todo lo que tenemos guardado, escondido en nuestra mente, y que no podemos ver a simple vista, como la parte sumergida del iceberg (Universidad de Piura, 2022).

Imagen generada por IA usando Leonardo IA y elaboración propia

Las respuestas que damos a estímulos externos vienen por nuestras ideas y percepciones, que a lo largo de la vida se han convertido en creencias (en el subconsciente).

Se han formado en — **Condicionan**

Ideas y percepciones → **Creencias** → **Respuestas y decisiones**

Si cambiamos nuestras creencias cambiamos nuestras respuestas

Ilustración: elaboración propia

Nuestra forma de comportarnos, razonar, reaccionar y pensar, está programada en nuestra mente, y reaccionamos según nuestras creencias.

"Las ideas, las tenemos; en las creencias, estamos"

Ortega y Gasset, 1940

Como nuestro comportamiento está programado, si queremos cambiar las respuestas o el comportamiento, hay que transformar la programación (Ricardo Eiriz).

Estamos constantemente reprogramando el subconsciente con actos y palabras. Un ejemplo claro son los niños, que aprenden inconscientemente por lo que hacemos o decimos.

Es igual de fácil programarlo de forma inconsciente que conscientemente.

Nuestra programación puede ser negativa (basada en creencias que nos limitan) o positiva (basada en creencias que nos transforman).

¿Cómo se programa?

Lo normal es que nuestra programación esté condicionada por muchas creencias que nos limitan.

Como dice Ricardo Eiriz, no hace falta entender el porqué de la programación actual, es decir, no hace falta entender de dónde vienen esas creencias limitantes. Con poner encima la nueva programación de creencias potenciadoras, es suficiente.

En el libro "El Poder de la Mente Subconsciente", el doctor irlandés Joseph Murphy afirma que la mente subconsciente y los pensamientos influyen en nuestros resultados. Esto quiere decir que el poder de la mente influye en nuestros caminos de vida y en el éxito.

Es importante saber que frases como "no puedo…" "no sirvo para…" tienen la capacidad de limitarnos. Por lo que lo adecuado es cambiar e invertir estos pensamientos en otros positivos, para que nuestro subconsciente guarde esa información y nos permita recordarla.

Si controlas tu subconsciente, controlarás el destino de tu vida. Úsalo a tu favor y prográmate para el éxito.

8.1. Creencias

1. ¿Qué son las creencias?

Una creencia es la aceptación de aquello que hemos experimentado, bien como testigos directos o indirectos, o incluso lo que nos han transmitido otros, sin comprobarlo (Editorial Etecé, 2020).

Las creencias son necesarias para sobrevivir y nos condicionan diariamente, definiendo nuestra realidad sin ser conscientes.

Podemos decidir sustituirlas por las que deseemos tener.

Se puede creer que la vida es lucha, y el subconsciente se encargará de atraer las circunstancias necesarias para comprobarlo.

Si crees que la vida es injusta y que no eres merecedor de algo, crearás lo que crees.

Nuestras creencias y bloqueos emocionales hacen que el subconsciente desarrolle comportamientos repetitivos que forman los hábitos.

Debemos sustituir las creencias limitantes por potenciadoras para cambiar nuestra realidad y poder enfrentar las situaciones de forma diferente.

NUESTRO MUNDO ES UN REFLEJO DE NUESTRAS CREENCIAS

2. ¿Cómo identificarlas?

Dado que el *Método Transforma* se basa en la simplicidad, establece que no es imprescindible identificar las creencias limitantes que tenemos. Muchas de ellas no sabemos que las tenemos, y puede ser un proceso muy largo y tedioso.

Por ello, el Método propone pasar directamente al siguiente paso, donde sacarás una lista completa de todas las áreas importantes que te afectan, y podrás establecer aquellas creencias transformadoras que te ayuden, acortando el proceso.

No obstante, te propongo técnicas para identificarlas a través de tu cuerpo, trabajando sobre la mente subconsciente.

Nuestro cuerpo es sabio y guarda en su memoria celular todo lo que nos ha acontecido a lo largo de nuestra vida. No busques fuera lo que tienes dentro de ti.

Hay diversas técnicas que relacionan el cuerpo físico con el subconsciente, como todos los kinesiológicos, uso de varillas de radiestesia, péndulo, y otros. Puedes usar el que más te atraiga.

El *Método Transforma* usa por su sencillez el test kinesiológico del balanceo. Consiste en:

Paso 1: Ponte de pie, erguido.

Paso 2: Pregunta cuál es tu sí y cuál es tu no. Notarás un pequeño balanceo hacia adelante o atrás. Esto determinará la respuesta de tu cuerpo y subconsciente, como positiva o negativa.

Paso 3: Pregunta lo que quieras saber, teniendo en cuenta que la respuesta solo es sí o no.

Puedes preguntar algo de prueba para confirmar tu sí y tu no. Tendrás que dedicarle un tiempo hasta que te veas seguro de las respuestas:

- Me llamo x (con un nombre falso)
- Me llamo y (con tu nombre verdadero)

Paso 4: Al ver que funciona, empezarás a preguntar por las creencias concretas.

Ejemplo: Si sospecho que tengo creencias limitantes con la pareja, preguntaré:

- *¿Tengo una creencia limitante con el amor?* o *¿Hay algo que me limita en el amor?*

Si la respuesta es afirmativa, preguntaré casos concretos hasta ver cuáles son:

- *¿Tengo dificultades para expresar mis sentimientos? ¿Creo en el amor duradero? ¿Tengo prejuicios sobre el género de mi interés? ¿Me siento merecedor de amor?...*

La práctica y la dedicación harán que descubras cuáles son tus creencias limitantes para poder transformarlas.

ÁBRETE A PROFUNDIZAR EN EL ICEBERG DE TU SUBCONSCIENTE

8.2. Creencias limitantes vs creencias transformadoras

Las creencias están limitadas a nuestra mente. Solo existen ahí, a nivel consciente o inconsciente.

Nuestra mente no representa la realidad del mundo, sino de "nuestro mundo".

Las creencias pueden ser negativas si nos limitan, como, por ejemplo:

- *No soy suficiente*
- *No puedo*
- *Todos los hombres/mujeres son iguales, son malos*
- *El dinero corrompe a las personas*

Sin embargo, no todas las creencias son perjudiciales: muchas de ellas son positivas y por eso me gusta clasificarlas en dos grupos:

- Limitantes: nos bloquean o paralizan.
- Transformadoras o potenciadoras: nos ayudan, permiten desarrollar todo nuestro potencial.

Intentar eliminar las creencias limitantes no es que sea una tarea difícil, es que es imposible.

Para evolucionar tienes que desaprender

La mejor forma de desaprender es fijar por encima. Aquí es donde entran las creencias transformadoras.

El *Método Transforma* te propone el Ejercicio 9:

Te recomiendo escribir una lista de creencias por grupos en cada uno de los ámbitos de tu vida que consideres relevantes para ti.

Pon afirmaciones positivas que anulen completamente el poder de las posibles creencias limitantes, y cada vez que un pensamiento negativo venga a ti, reflexiona y afirma la contraria.

Te escribo una lista de ejemplos de creencias transformadoras que a mí me han ayudado: coge las que resuenen contigo o creas que te pueden servir o, como dije antes, escribe tu propia lista agrupada.

No están escritas desde el ego, sino desde la realidad de lo que somos. Desde la perspectiva del *Método Transforma* todos somos únicos, somos reflejo de la divinidad, y hemos venido a alcanzar nuestra mejor versión.

Nuestros únicos límites son mentales.

Todas estas creencias propuestas también sirven para ti, y no tienen por qué ser verdad ahora. Pero, a medida que las creas, tu realidad se irá transformando.

Las creencias transformadoras han de estar escritas desde la esencia, el desapego, la no generación de expectativas y el amor propio.

Creencias transformadoras generales, sobre mí y mi amor propio:

- Soy válida, soy maravillosa y soy suficiente, capaz de todo y valiosa (no necesito ser validada por nadie).
- Soy diferente y eso es lo mejor.
- Tengo infinitas posibilidades.

- Soy luz, soy amor.
- Atraigo lo que soy.
- Merezco más. No debo conformarme con menos de lo que considero que merezco.
- Si soy agradecido, merezco todo.
- Tengo todo dentro, no lo busco fuera (amor, cariño, protección...).
- Soy abundancia.
- Soy felicidad.
- Soy éxito.
- Soy la mejor.
- Puedo hacerlo sola.
- Soy fuerte física, mental y espiritualmente.
- Hoy es mi día.
- Soy una ganadora.
- Confío en mí misma y en mis capacidades.
- Soy calmada, soy optimista, soy espabilada.
- Soy saludable.
- Soy atractiva.

Mente, creencias y camino de vida:

- "El mapa no es el territorio", Alfred Korzybski.

Ilustración: Elaboración propia

Esta creencia es una de mis favoritas: significa que todas las perspectivas son válidas. Personalmente, creo que no habría discusiones si tuviéramos grabada esta creencia.

"Solo una mente educada puede entender un pensamiento diferente al suyo sin necesidad de aceptarlo"

Aristóteles

- Mi mente está limitada y puedo ampliarla ilimitadamente.
- Mi realidad está limitada a mi mente.
- No soy mi cuerpo, ni mi mente: soy esencia.

- Mis pensamientos están limitados por mi mente.
- Mi personaje o ego no soy yo.
- Nada ni nadie me pertenece.
- Todos los caminos son válidos para mí o para cualquier persona que decida escogerlos.
- Cambiar de opinión está bien.
- Pedir perdón es de valientes.
- El presente es el único tiempo existente.
- No es necesario un determinado trabajo, ni casarse, ni tener hijos, ni nada impuesto como válido por la sociedad para integrarme o ser feliz.
- Mi ego no soy yo.
- Todo es válido y yo decido.
- Vivo en un mundo benevolente.
- Atraigo a mi vida personas increíbles.
- Me siento cómoda hablando en público.
- Yo soy la dueña de mis pensamientos.
- Tengo seguridad en mí misma para transmitir todo aquello que quiero.
- Acepto de buen grado mis errores y las críticas que puedan surgir o que me lancen.
- Puedo reprogramarme en cualquier momento.
- Mi salvadora soy yo.

- Mi proceso es mío, cada persona tiene su proceso.
- Acepto y entiendo que cada uno tiene su proceso; aunque no esté de acuerdo con él, lo respeto.
- Acepto mis emociones, las nombro, las siento y salgo de ellas sin sentirme identificada.
- Llorar está bien, y es necesario. Lo que no digo me ahoga y mata por dentro: me permito sentir todo, incluido lo malo. Después, salgo de la emoción.
- Nada ni nadie me debe nada.
- Cuando doy, doy desinteresadamente.
- Las personas a las que yo he dado no tienen por qué corresponderme (ni las mismas personas, ni en tiempo, ni en forma). Cuando necesito algo, me ayudarán las personas que en ese momento o circunstancias sean, pero no tienen por qué ser las mismas.

Amor:

- Tengo amor.
- Soy y doy amor.
- El amor verdadero existe para mí.
- Merezco una relación como la que quiero, con madurez a todos los niveles y que me impulse a crecer.
- Las personas son libres, y en su libertad, eligen.
- Yo soy libre.
- Cuanto más doy, más recibo (amor).
- Atraigo amor porque soy amor.

Vida:

- La vida es sencilla, es buena.
- Todas las cosas buenas vienen a mí.
- Me merezco todas las cosas buenas que la vida pueda ofrecerme.
- Vivo en un universo amistoso, benevolente, espléndido, que me aporta todas las cosas buenas, conspira a mi favor en todo y me apoya en todo lo que hago.
- Disfruto intensamente de cada momento.
- Las personas son maravillosas..
- Solo atraigo cosas positivas
- Lo negativo se aleja de mí y no me afecta.

- Dualidad. Todo es dual y es necesario: el bien y el mal, el placer y el dolor, el orden y el caos. No siempre me identifico con ello, pero entiendo y respeto que exista y sea elegido.
- La vida es bella, todos hemos nacido para disfrutar, ser felices, compartir, amar... y merecemos vivir de ese modo.
- Todo en la vida es temporal, nada dura para siempre.
- Soy una observadora de mi vida: cuando ocurren circunstancias positivas o negativas sobre mí, o ajenas a mí, las analizo con distancia y no me las llevo a un plano personal.

Espiritualidad:

- Soy divina, soy un reflejo hecho a imagen y semejanza de Dios.
- Soy parte de la creación divina.
- Hay un plan divino trazado para mí.
- Dios siempre está conmigo.
- Soy un ser maravilloso y perfecto.
- Mi misión es convertirme en la expresión más elevada física, mental y espiritual, hacer un mundo más feliz y consciente, además de servir a los demás.

Éxito:

- Haga lo que haga, todo me sale bien.
- Merezco tener éxito en todo lo que hago.
- Si otros han podido, yo puedo.
- Si otros, partiendo de condiciones peores que yo, han podido, yo más. Además, tengo la obligación moral de ello.
- Soy libre.
- No persigo, yo atraigo.
- Soy capaz de todo.
- Merezco el éxito por la persona en la que me he convertido.
- Puedo conseguirlo todo y desarrollarme mucho más de lo que creo.
- Soy feliz con lo que tengo.
- Traigo todo lo que quiero.
- Nada me limita.

Ventas:

- Soy una vendedora única e irrepetible, nadie puede vender como yo lo hago.
- Vender es ayudar a que otros consigan lo que necesitan.

Dinero:

- Tengo dinero.
- El dinero viene a mí fácilmente y con frecuencia.
- Tengo dinero más que suficiente.
- Hay dinero en abundancia y viene hacia mí.
- Soy un imán para el dinero.
- Me encanta el dinero y yo le gusto al dinero.
- Cada día recibo dinero.
- Soy un imán para las buenas oportunidades.
- Los recursos son ilimitados.

"Lo que podemos o no podemos hacer, lo que consideramos posible o imposible, pocas veces es un reflejo de nuestra verdadera capacidad, sino más bien un reflejo de nuestras creencias acerca de quiénes somos"

Anthony Robbins

Por todo ello, recomiendo grabarnos a fuego nuevas creencias. No seamos nosotros mismos quienes nos limitemos.

Concluyo que nuestro futuro depende de nosotros en gran medida. Dentro de nuestras limitaciones, si las tuviéramos, todos podemos pasar al siguiente nivel.

Ejercicio 10:
Lista de Creencias Transformadoras

Generales sobre mí y amor propio:
_____

Mente, creencias y camino de vida:
_____

Amor:
_____

Vida:
_____

Ventas:
_____

Espiritualidad:
_____

Dinero: Éxito:

...

8.3. Liberación de Bloqueos emocionales

¿Qué es un bloqueo emocional?

Es un mecanismo de defensa que nos impide sentir emociones con normalidad. Pueden suponer un problema si no nos dejan pensar con claridad y afectan a la vida cotidiana (Adahara Monzo, s.f.).

Como hemos visto al inicio del capítulo 8 del Subconsciente, nuestras creencias hacen que el subconsciente desarrolle comportamientos repetitivos que forman los hábitos; esto mismo ocurre con los bloqueos emocionales.

Han formado en   **Condicionan**

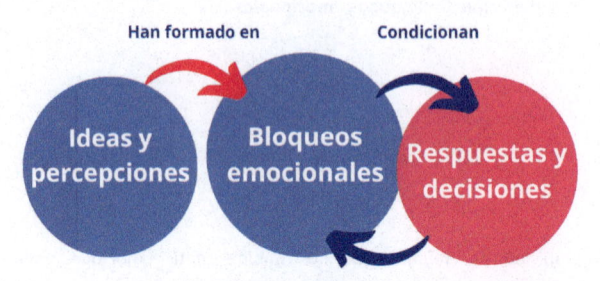

Ideas y percepciones — **Bloqueos emocionales** — **Respuestas y decisiones**

Si eliminamos nuestros bloqueos emocionales, podremos cambiar nuestras respuestas

Imagen: elaboración propia

Existen muchas técnicas para la liberación de bloqueos emocionales. El *Método Transforma* solo las menciona y recomienda que, si lo necesitas, investigues en profundidad y acudas a especialistas.

Técnicas:
- El perdón
- PNL

- Otras técnicas (biomagnéticas, EMDR, Craneosacral, Técnica fosfénica, Tapping EFT...).

- **El perdón**

La base más simple de liberación de bloqueos emocionales en el *Método Transforma* es acceder a la paz del corazón con el perdón.

En un buen corazón nunca debe quedar rencor, y la principal razón para perdonar es hacerlo por nosotros mismos.

Pedir perdón es de valientes: se necesita mucha madurez, introspección y humildad para enfrentarnos a reconocer nuestros errores. Requiere de un proceso de retirada de máscaras y desnudez del alma, donde exponemos que no somos perfectos.

Es lícito equivocarse, pero necesario pedir perdón.

Si no perdonamos, esas emociones negativas se enquistan en nosotros, generando bloqueos emocionales que nos afectarán directa o indirectamente.

Esos bloqueos pueden somatizarse hasta generar enfermedades o generar bloqueos con otras experiencias o personas.

Otro ejemplo muy impactante para mí fue la noticia del intento de asesinato del Papa Juan Pablo II. Su asesino le disparó cuatro veces, y tres llegaron a impactar en su cuerpo. Milagrosamente, se salvó. Una vez recuperado fue a hablar con su asesino en persona y dijo:

"Rezo por el hermano que me ha disparado, a quien sinceramente he perdonado".

"Todos necesitamos ser perdonados por otros, entonces todos debemos estar listos para perdonar. Pedir y dar perdón es algo de lo que cada uno de nosotros merecemos profundamente"

Juan Pablo II

En ese ejemplo, vemos como nunca se puso a la altura del otro. Entendió que su asesino reaccionó según los recursos y nivel de evolución que tenía (comprendiendo que, si alguien hizo eso, es porque no supo hacerlo de otra forma, por la dureza de su vida y porque la primera víctima es él).

Los ataques son peticiones de ayuda, y el miedo está expresándose a través de ellos: te propongo el ejercicio 10 del Método: pedir perdón.

Se trata de pedir perdón a la persona o personas con las que consideres que lo necesitas. Pero he de puntualizar que, ante la falsa creencia de que solo se puede pedir perdón a otra persona mientras se entera de forma consciente, hablándole en persona… te adelanto que no es necesario. Para la liberación del bloqueo, es suficiente con que lo escribas.

El ejercicio consiste en escribir una carta a la persona, o a las personas (individualmente mejor) con las que creas que el capítulo no ha quedado cerrado y debas disculparte por algo.

Al igual que en la carta a tu antiguo yo, puedes disculparte por todo lo que hayas hecho mal tú, pidiéndote perdón desde el amor y el respeto por haberlo hecho siempre lo mejor que pudiste según los recursos, conocimiento y nivel de evolución de ese momento.

A continuación, perdonarás a la otra persona por lo sucedido. Es un proceso duro y muy valiente. Está bien si lloras, es normal, y solo puedo decir: "enhorabuena, estás cada vez más cerca".

Dolerá, pero notarás el alivio de inmediato

Ejercicio 11: Carta del perdón

Querido ......,
Te escribo con amor y cariño para para perdonarte y sanarme. Agradecerte porque todo lo que ha pasado ha tenido un buen impacto en mí, ya que o es bueno, o he aprendido mucho.
Respecto a mí, me perdono y entendiendo que hice lo que pude con los recursos y nivel de madurez que tenía.
Gracias, me perdono

_____

Respecto a ti, quise decirte..., ..., ...,
Te perdono y entiendo que hiciste lo que pudiste con los recursos y nivel de madurez que tenías.
El mapa no es el territorio y tenías tu versión.
Gracias, Te perdono, Te quiero

_____

_____

- **Programación neurolingüística**

Estoy segura de que alguna vez has oído hablar de engañar al cerebro: la famosa programación neurolingüística.

¿Has probado a sonreír de forma consciente en un momento de tristeza? ¿Estar llorando y sonreír? ¿Y notar que estás menos triste en ese instante?

Esto ocurre porque el cerebro entiende que siempre que sonreímos estamos felices. Él no sabe diferenciar lo que es verdad de lo que es mentira, y genera una emoción a un estímulo de forma inconsciente. Además, liberarás las mismas hormonas de la felicidad, sea verdad o mentira.

Por lo que, ¿por qué no usamos esto a nuestro favor?

La Programación Neurolingüística (PNL) se basa en técnicas y principios centrados en la conexión entre el pensamiento, el lenguaje y el comportamiento humano.

Es una forma de cambiar los pensamientos y hábitos de una persona para que sean exitosos por medio de la percepción, comportamiento y comunicación. Si queremos profundizar en las técnicas, recomiendo acudir a especialistas y psicólogos.

La PNL es clave en el desarrollo personal al ofrecer herramientas prácticas para comprender y mejorar la comunicación, las relaciones personales y la conducta. Nos ayuda a identificar patrones mentales limitantes y da métodos para cambiarlos, permitiendo así el crecimiento personal, la superación de bloqueos emocionales y la mejora en la toma de decisiones.

En definitiva, ayuda a "reprogramar" nuestro cerebro para superar nuestros bloqueos y ansiedades, con nuevos modelos de conducta y comunicación tanto interna (con uno mismo) como externa (hacia los demás).

Otras técnicas

- **Técnicas biomagnéticas**

Consiste en la liberación de bloqueos emocionales y curación de enfermedades a través de imanes; por ejemplo, el par biomagnético (AMC León, s.f; Ricardo Eiriz, 2016).

- **EMDR**

EMDR, "Desensibilización y Reprocesamiento a través de Movimientos Oculares". Descubierto en 1990, es una terapia psicológica para liberar bloqueos emocionales, experiencias traumáticas y miedos (Asociación EMDR, 2023).

- **Técnica fosfénica**

Según los trabajos del Doctor Lefebure Methods, los fosfenos son técnicas con luz.

Nuestro cerebro atrapa dicha luz mejorando el rendimiento cognitivo y el equilibrio emocional, liberando emociones y reprogramando pensamientos (Francesc Celma i Girón, 2016).

- **Tapping o EFT (Emotional Freedom Techniques)**

Esta técnica de liberación de emociones se basa en la digitopuntura asiática, y fue popularizada por Gary Craig en 1980. Consiste en masajear o golpear suavemente puntos concretos del cuerpo mientras se piensa en el problema, con el fin de equilibrar la energía y liberar emociones negativas. Relaciona los problemas físicos y los emocionales (Francisco Hidalgo Diaz, 2023).

Si consideras que necesitas liberar bloqueos emocionales, te recomiendo que investigues en profundidad las técnicas y acudas a especialistas.

Trabájate, constrúyete y reconstrúyete.

Transfórmate tanto que tengan que volver a conocerte.

9. Transforma tu autoconcepto: Amor propio

En mi modesta opinión, este es el punto más bonito de todo el libro. El amor propio es la base de todo lo que somos y desde donde se empieza a construir.

El amor propio no significa egoísmo, y no tiene por qué tenerse, sino que se construye.

AMOR PROPIO ES QUERERTE COMO ERES Y CONSTRUIRTE COMO QUIERES

Por definición, el amor propio es el aprecio, cuidado y respeto que uno tiene hacia sí mismo.

Implica tener una actitud positiva hacia nuestro ser, aceptándonos como somos, valorando nuestras virtudes y transformando nuestras debilidades en fortalezas, para dar nuestra mejor versión.

Es importante tener una buena relación con nosotros, cultivando nuestro bienestar físico, emocional y mental.

El *Método Transforma* establece que esta es la base y el punto de partida, porque en el afán de convertirnos en nuestra mejor versión, necesitamos querernos. Si no te quieres tú, difícilmente puedes construirte.

¿Alguna vez te has preguntado cuánto te quieres o cuánto te valoras?

Quizás es el momento de plantearte pequeños retos que te demuestren tu alto valor.

Ha llegado el momento de testar el porcentaje de cumplimiento de los objetivos a corto plazo del ejercicio 1.

Cuando te propongas metas y vayas progresivamente cumpliéndolas o mejorando, experimentarás la autorrealización, la cual será explicada más adelante.

En ese proceso, te estarás construyendo y confirmando lo mucho que vales.

"Una mariposa no puede ver sus propias alas. Solo probando a volar aprende a confiar en ellas"

Marisa Picó

Una vez te has demostrado mil veces que eres increíble y que puedes conseguir todo lo que te propongas, el amor propio es inevitable.

Aceptemos nuestro ser desde lo más profundo de nuestro corazón, entendiendo lo valiosos que somos.

Todo camino de la vida empieza por el amor propio.

El que no se ame, el que esté atado al ego y el que no haya sanado, tendrá el triste destino de amar desde sus máscaras, desde el apego, desde la carencia, la dependencia, el miedo y la aprobación.

Querrás desde la necesidad, no desde la generosidad; no puedes dar lo que no tienes: el primer paso es llenar tu interior.

Nuestro valor intrínseco no viene por factores externos, sino por nuestra esencia y naturaleza, y a partir de ahí resultará más sencillo conocernos y reconocernos.

En el momento en el que tú te valores y te quieras, entenderás que eres querible, merecedor de todo el amor.

Algunas de las características de las personas con amor propio son la autenticidad, confianza, resiliencia, autonomía y alegría. Tener todas esas cualidades mejorará tu personalidad y tu propia relación contigo y con tu entorno.

La autoestima, la opinión que tienes de ti mismo, es muy importante para el éxito. Una autoestima saludable no significa creerse invencible. No debemos confundirla con el ego. Una vez la tengas, sentirás que todo lo que necesitas está dentro de ti.

Quiérete más

y brilla tanto

que quieran conocerte de nuevo

"BRILLA

porque tiene

EL ALMA LLENA

de

AMOR PROPIO"

Claves para cultivar el amor propio:

1) Establecer relaciones sanas con tu entorno basadas en la libertad.

   Una vez que hemos aprendido a estar con nosotros mismos en paz, será posible que nos relacionemos en sociedad.
   Primero es necesario sanarnos internamente, trabajar el desapego y la dependencia emocional para establecer relaciones. Todo empieza con una primera pregunta:

   ¿Quién eres y cómo te llevas contigo mismo cuando estás a solas?

2) Poner límites y buscar relaciones sanas en lo familiar, laboral, sentimental y social.

   Saber poner límites, siendo consciente de que el *yo* que llevas en tu interior merece ser protegido.

Un "no" a tiempo evitará abusos, manipulaciones y todo tipo de comportamientos que de otra forma llevarías a cabo, y que al final lo que harían es que te sintieras completamente mal contigo mismo.

La asertividad consciente en tus relaciones te permitirá cuidar tu pequeño *yo*.

TÚ TIENES LA RESPONSABILIDAD DE TU VIDA Y DE ESTABLECER TUS LÍMITES
EL TRATO QUE RECIBES ES EL QUE PERMITES

3) Valorar tu progresión.

Conectar con el sentimiento de autorrealización, sintiéndote útil (en la sociedad, en tu trabajo, en la familia...), retarte a ti mismo y cuestionar tus creencias.

Las creencias que más limitan son "no puedo", "no valgo" y "no soy capaz".

¿Te lo has dicho alguna vez?

Trabaja tu mente para fortalecerla con las creencias transformadoras del capítulo 7.

4) Cuidar tus necesidades básicas, tu cuerpo físico y el autocuidado intelectual. Revisa tus hábitos exitosos del capítulo 3.

Tú tienes la responsabilidad y la obligación de mantener en óptimas condiciones tu vehículo.

Confía

en el

proceso,

Las grandes transformaciones

llevan tiempo

"Te mereces

FLORECER

por cómo has cultivado

TU INTERIOR

todo este tiempo"

10. Transforma tus debilidades en fortalezas

Aunque en el capítulo 2 del *Método Transforma* se habló sobre las características positivas y negativas que tienes, quiero hacer una especial mención a este tema.

Dado que el amor propio se construye y el camino es largo, en el proceso tu foco debe estar en todo aquello que consideras que está bien, e ir sumando paulatinamente nuevos logros a tu lista.

Tratar de mejorar tus debilidades y todo aquello que te genere inseguridad intentando convertirlas en tus aliadas clave.

Sentir esas debilidades es una sensación común que nos acompaña a todos en mayor o menor medida, y no debe frenarnos.

Pero debemos identificarlo para poder ser conscientes y trabajar sobre ello.

Lo primero será tener en cuenta varias premisas básicas:

1) La perfección no existe. ¿Qué es perfección?
2) Identifica y potencia tus puntos fuertes
3) Deja de compararte:

> *No te compares con nadie*
>
> *Solo eres tú, contra ti mismo*

4) Llénate de emociones agradables y positivas
5) No te aísles
6) Refuérzate y prémiate.

Te recomiendo que saques una lista de regalos hacia ti mismo para premiarte cuando consigas objetivos.

Estos regalos no necesariamente deben ser materiales, ostentosos, ni caros. Servirá para reforzar la autorrealización que sentirás. Cúmplelo, te lo mereces.

7) Acoge las críticas constructivas, solo aquellas que te impulsen. Cuando las críticas no sean constructivas, será el momento de ser asertivo y amable, poniendo los límites que estimes oportunos; así reforzarás tu autoestima.

Parece que las personas exitosas esquivan las inseguridades, y que somos los demás quiénes las tenemos, pero nada más lejos de la realidad.

Hay gran cantidad de personajes célebres que reconocen tener grandes inseguridades, y eso les da más valor en vez de quitárselo.

Han sabido atravesar esos miedos y usarlos a su favor.

Algunos ejemplos son:

a. Michelle Obama con el síndrome del impostor, que te hace percibir los éxitos personales como casualidad.

b. Steve Jobs, quien reconoce sentir inseguridad por la falta de reconocimiento por la ausencia de su padre.

c. Joe Biden: inseguridad por ser tartamudo, cosa que, con entrenamiento, superó.

Identifica tu debilidad y conviértela en fortaleza:

Convierte la premura en paciencia. La deshonestidad en honestidad. El desorden en organización. El egoísmo en generosidad. La cobardía en valentía. La irresponsabilidad en responsabilidad. La impuntualidad en puntualidad. La apatía en proactividad. La timidez en extroversión. La duda en confianza. La antipatía en carisma. La dispersión en concentración.

Inseguridades

como motores de impulso y superación

Ejercicio 12: Debilidades en Fortalezas

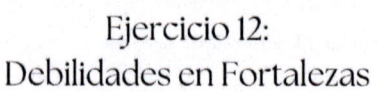

¿Qué debilidades tienes? ¿Cuál es la fortaleza contraria que tienes que trabajar?

Debilidad	Fortaleza

CONVIERTE
cada uno de tus puntos débiles

EN PUNTOS
FUERTES

Que lo que no te guste de ti sean tus armas de diferenciación

Alba Moreno

11. Transforma el dolor en palanca de poder

Todas las personas nos movemos por dos fuerzas, dos fuerzas que nos condicionan para manejarnos en la mayoría de las circunstancias:

i. El placer
ii. El dolor

Obtener placer y evitar dolor son los motivos por los que nos movemos.

Si queremos entender los comportamientos de las personas, los nuestros, y cómo funciona la sociedad, será necesario que integremos esto y lo usemos a nuestro favor.

Debemos educarnos en reemplazar los placeres temporales por beneficios a largo plazo e integrar el dolor.

Debemos transformar nuestra mentalidad cortoplacista por una largoplacista, y eso requiere ejercitar la voluntad diariamente.

El *Método Transforma* entiende el dolor como palanca de poder. Lo que hoy te duele, mañana te transforma. Toma ese dolor y transmútalo en energía de acción.

Tu pasado

Todos hemos tenido circunstancias que nos han marcado, problemas o traumas, en primera o tercera persona. No es cuestión de países, edad, género, estatus, poder o dinero. La única diferencia entre las personas exitosas y las que no lo son no es la ausencia de traumas: es la capacidad de transformar el dolor en poder, en fuerza, en una energía creadora imparable, trascender las emociones y no quedarte anclado ahí.

Que tu pasado no condicione tus comportamientos futuros.

Como dice el título del libro de Vienna Pharaon, *Tu origen no es tu destino*.

Eres hoy, tú contra ti, sin excusas.

En ese momento las excusas desaparecen:

- "Es que…"
- "Él no viene de donde yo vengo…"
- "Ellos tienen más dinero…"
- "Él no ha pasado por lo que yo he pasado…"
- "Yo no puedo…"

Si tú partes de una condición peor, que ese sea el impulso para salir de ahí.

Si tú no tienes dinero, que eso sea lo que te motive a moverte para tenerlo.

Si has pasado por circunstancias difíciles o traumas y lo has superado, sabes que puedes con todo y que nada te da miedo.

Si partes de una situación mejor, siéntete en la obligación de mejorar a tu familia, de ayudarles, por todo lo que han hecho por ti.

"Si otros han podido, yo también puedo"

"Tenemos la responsabilidad de superar a nuestros antepasados por partir de posiciones mejores"

Si él partía de condiciones mejores, me alegro por él, porque ha aprovechado bien sus recursos. Mucha gente en su situación los desaprovecha y se acomoda.

Lo único que condiciona realmente tu futuro no es tu pasado, sino tu presente; por ello, tú puedes tomar activamente la decisión de transformarte.

Trasciende, que el dolor sea tu fuerza

Resurge de tus cenizas como un Ave Fénix.

Araceli Oliva

"Que tu principal motivo

para no hacer algo,
sea la

PRINCIPAL RAZÓN

por la que lo hagas"

Sergio Cánovas

12. La felicidad está dentro de ti

La felicidad como elección de vida

Todos aspiramos a ser felices, y para ello intentamos descubrir qué es la felicidad.

Cada persona posee una definición de felicidad diferente, y esta se ha convertido en una de las cuestiones trascendentales más importantes en la existencia del ser humano.

En la Antigua Grecia la ética nace como respuesta a la búsqueda de la felicidad.

La felicidad es una de las cuestiones sobre las que más se ha reflexionado a nivel filosófico:

Según Buda, "*No hay un camino a la felicidad: la felicidad es el camino*".

Según Sócrates, *"El secreto de la felicidad no se encuentra en la búsqueda de más, sino en el desarrollo de la capacidad de disfrutar de menos"*.

Según Platón *"El hombre que hace que todo lo que lleve a la felicidad dependa de él mismo, ya no de los demás, ha adoptado el mejor plan para vivir feliz"*.

Según Aristóteles *"La felicidad depende de nosotros mismos"*.

Según Friedrich Nietzsche *"La felicidad es el sentimiento de que el poder crece, de que la resistencia ha sido superada"*.

Según John Stuart Mill *"He aprendido a buscar mi felicidad limitando mis deseos en vez de satisfacerlos"*.

Por definición, la felicidad es una emoción o un estado de ánimo experimentado por los seres conscientes cuando llegan a un momento de aceptación, bienestar o consecución de objetivos deseables para ese individuo.

¿Cuántas veces hemos visto que en países pobres del tercer mundo la gente es feliz? Sin embargo, en nuestra sociedad del bienestar, un porcentaje indeseado de la población padece infelicidad.

Los bienes materiales no dan la felicidad

La felicidad es la aspiración de todo ser humano, un fin en sí mismo (*Eudaimonia*).

Sin embargo, no es nuestra misión de vida, y las personas de nuestra sociedad se han desligado de su verdadero propósito, tratando de buscar en el exterior la felicidad, y al no encontrarla, haciendo surgir la infelicidad.

Depositar la responsabilidad de la felicidad en el exterior impide que la consigas, porque hay muchos aspectos de tu exterior que no van a poder depender de ti.

La felicidad surge por quiénes somos y cómo nos relacionamos con nosotros mismos y nuestro entorno.

La felicidad es una elección individual en un 80%, sin depender de las circunstancias externas, solo dependiendo de ellas en un 20%.

Decidir ser feliz es una elección e implica un trabajo consciente diario.

Por lo que te invito a reflexionar:

Para ti, ¿qué es la felicidad?

¿En qué situaciones o con quién te sientes más feliz?

¿Las cosas materiales te dan la felicidad?

A ti, ¿qué te da la felicidad?

¿Eres feliz?

La química de la felicidad: (Clínica Imbanaco, 2022)

Hay hormonas que son segregadas de forma natural cuando nos sentimos felices y se relacionan directamente con momentos de bienestar. Podemos estimular a nuestro cerebro de forma natural:

La oxitocina es la hormona del amor y del afecto:

- Meditar
- Actos de generosidad, ayudar a los demás
- Cultivar relaciones de calidad
- Abrazos

La dopamina es la hormona de la felicidad y la recompensa:

- Dormir de 7 a 9 horas
- Hacer deporte
- Descansar
- Aprender algo nuevo
- Hacer retos diarios y valorar tus logros

La serotonina es la hormona del bienestar: calma el ánimo y la ansiedad:

- Agradecer a diario por lo que tienes
- Autocuidarse
- Disfrutar y conectar con la naturaleza
- Recordar buenos momentos

Las endorfinas:

- Cantar y bailar
- Escuchar música
- Hacer deporte
- Risas con personas especiales
- Hobbies

En conclusión, desde mi punto de vista, ser feliz es una elección. Una elección consciente que debe ser tomada por cada uno de nosotros diariamente.

Puedo elegir cómo me siento y activar de forma natural las hormonas encargadas de la felicidad. Puedo focalizarme en todo lo bueno que tengo en mi vida y cambiar mi perspectiva interna. Puedo elegir convertirme en mi mejor versión y dar lo mejor de mí a mi entorno; experimentar una felicidad plena al sentir la autorrealización y la paz interior por estar verdaderamente alineados con lo que somos.

Yo hoy elijo ser feliz, independientemente de mis circunstancias.

Nuestra felicidad radica en encontrar nuestra

MISIÓN DE VIDA

y encargar nuestra vida a convertirnos en nuestra

MEJOR VERSIÓN,

desarrollando la autorrealización personal

13. El poder del ahora

El presente como definición filosófica es aquello que existe en nuestra experiencia.

Sin embargo, el pasado y el futuro son tiempos ilusorios: existen como imaginaciones en ocasiones más ancladas al presente que el momento actual.

"El ayer es historia, el mañana es un misterio y el hoy es un regalo, por eso se llama presente".

Eleanor Roosevelt (escritora y política estadounidense)

Como comentaba al inicio del libro, una de las principales razones de los trastornos depresivos o de ansiedad es vivir anclados en el pasado, en el futuro o, peor, sumidos en nuestra imaginación de lo que podría ser o haber sido.

Por lo que, en este apartado, quiero hacer mención de la importancia de la toma de conciencia del momento presente, de desprendernos de nuestros pensamientos y no centrarnos en el pasado ni en el futuro.

Para tomar conciencia del ahora, concentrarte en:
- Parar.
- Respirar conscientemente prestando atención a tu inspiración y exhalación, a cómo el aire entra y sale de tu boca o nariz, cómo se hincha tu pecho: bienvenido al *ahora*.
- Tener más paciencia.
- Centrarnos en detalles como ser consciente de cómo está posicionado tu cuerpo, intentar estar en el aquí y en el ahora, entre otras.

La meditación, la respiración consciente y prestar atención al latido de tu corazón, son las herramientas por excelencia para tomar presencia del ahora.

Permiten poner el foco en el presente, aumentar la autoconciencia, tener una nueva perspectiva de las situaciones estresantes, reducir las emociones negativas y aumentar la paciencia y la tolerancia.

Todo ello te permitirá mantenerte en un estado de atención plena; mirar hacia tu interior y convertirte en un observador de la mente, sin identificarte con ningún pensamiento o emoción, además de sentir tu cuerpo.

Analizando de forma drástica la situación, el hoy es lo único que tenemos, nada ni nadie nos garantiza estar aquí mañana. Si de verdad fuéramos conscientes de este hecho, aprovecharíamos cada momento como si fuera el último, o por lo menos realizaríamos las mismas actividades siendo plenamente conscientes de cada una de esas pequeñas experiencias, disfrutándolas con el mayor amor y gratitud.

Saquemos el máximo provecho al aquí y a la hora, disfrutándolos de la forma más plena y consciente.

"SUMÉRGETE EN EL PRESENTE

y disfruta del

REGALO TEMPORAL
y
LA PELÍCULA DE TU VIDA,

es emocionante ver cómo encajan las piezas"

Alba Moreno

14. Experiencias

No pidas cosas, pide experiencias.

Nutre tu vida de experiencias.

Al entender la banalidad de lo material, del cortoplacismo y sus placeres, entiendes que la felicidad no está ahí, sino en nosotros, en nuestro interior.

La felicidad se encuentra en el camino, se esconde en una vida nutrida al máximo por experiencias. Cuanto más diversas y enriquecedoras sean, mejor: cuando morimos no nos llevamos nada salvo lo vivido.

Nada que obtengas rápido, fácil o que sea material te dará la verdadera felicidad.

Comer mucho, beber alcohol, tener sexo... etc., solo serán distracciones que te alejan en la búsqueda de tu propósito y te desconectan de tu auténtica vida, adormeciéndote y evadiéndote de ella.

Te invito a mirar dentro de ti, a pedir experiencias en lugar de regalos.

El mejor regalo que tienes eres tú, tu vida y tu evolución. Fúndete en ella.

Alba Moreno

15. La ley de la atracción.

La ley de la atracción es un concepto muy conocido dentro del crecimiento personal y el desarrollo espiritual.

Determina que lo que pensamos tiene el poder de crear o atraer resultados concretos.

Si piensas en positivo, atraerás acontecimientos, personas y circunstancias positivas a tu vida; y con los pensamientos negativos ocurrirá de la misma forma.

Está demostrado por la ciencia, y concretamente por la física cuántica, que los pensamientos tienen un nivel de vibración conectado con las emociones y la energía que generan.

Por tanto, y de forma lógica, los pensamientos están vinculados a las emociones. Según pienso, me siento.

Las emociones están vinculadas a los sentimientos.

Los sentimientos condicionan la acción. Según me sienta, actuaré.

Y las acciones, a resultados: si he actuado en consonancia, habrá más probabilidades de obtener resultados concretos que con la acción contraria o la inacción.

Si pienso que soy capaz, me sentiré capaz, con ganas, con energía y con positividad.

Una vez hayas conectado ese pensamiento a una emoción y te sientas mejor, actuarás con esas ganas, poniéndole toda tu energía e intención a todas las circunstancias de tu vida, lo que provocará, antes o después, resultados.

De nada sirven la atracción, la manifestación o cualquier otra práctica espiritual si no van acompañadas de acción (ya implícito en la propia palabra), e incluso, llevándolo al siguiente nivel, como dicen Tony Robbins o Grant Cardone "LA ACCIÓN MASIVA", con su regla del 10x:

"Establecer objetivos 10 veces superiores a tu objetivo real, y actuar con acciones masivas multiplicadas por 10"

Basándonos en esta teoría, veríamos el gran poder creador de nuestra mente:

Si pensamos que podemos y actuamos, podemos alcanzar cualquier tipo de realidad posible y, en base a lo que pensamos, seremos capaces de atraer a nuestra vida lo que queramos.

A continuación, pondré tres ejemplos sencillos para entender esta teoría desde una parte lógica (aunque he de decir que no todo se puede explicar desde la razón, y que también resulta emocionante reducir nuestra vida al SENTIR y no al ENTENDER):

- Si pienso que soy válida, suficiente, amorosa, armoniosa, perfecta… (en resumen: amor propio), me trataré como tal y haré que mi entorno y las personas con las que coincido me traten como me merezco. Este sería el primer ejemplo de "según crees, creas".

- Si creo que estoy fuerte y tengo un buen físico, me esforzaré más en el gimnasio, por sacar mejores marcas, y acabaré creando esa fortaleza física y mental.

- Si me convenzo de que soy buen comercial, me esforzaré por hablar con más gente, por ser más amable, extrovertida y buena comunicadora, tratando de hacer ciertas dichas afirmaciones. En definitiva, al repetirlo, me acabaré convenciendo y me esforzaré por desarrollar habilidades progresivamente que acabarán confirmándolo.

Lo que crees >> creas

Y es que, a mayor positividad, mejor actitud, mayor cantidad de intentos y mayor probabilidad de aciertos.

La química cerebral también confirma esta teoría: el cerebro no distingue entre lo que es verdad o lo que es mentira, solo se pone en marcha. El cerebro reptiliano actúa huyendo, alertándonos o paralizándonos; y el límbico, encargado de las emociones, actuará segregando las hormonas necesarias, aunque la situación sea irreal.

¿Cuántas veces has sentido miedo en una película de terror sabiendo que es irreal?

En conclusión: si eres positivo, aumentarás la probabilidad de obtener mejores resultados y de obtener éxito.

P.S.: No hace falta SERLO para decirlo y para creerlo.

Dilo tantas veces hasta que lo memorices; después, hasta que te lo creas; y repítelo hasta que sea cierto.

Más allá de las limitaciones físicas y mentales podemos acceder a nuestra mejor versión.

TODOS SOMOS CAPACES DE TODO Y LA ÚNICA LIMITACIÓN ESTÁ EN TU MENTE

EMPIEZA HOY

16. El desapego

Entender que nada nos pertenece...

La reflexión sobre el desapego es opcional; aun así, el *Método Transforma* considera importante conocerlo e integrarlo en tu vida, ya que el apego es una de las principales causas del sufrimiento humano.

La mayoría de las personas no reflexionan sobre ello hasta que la vida les enfrenta a pérdidas que viven desde el dolor y el sufrimiento.

Sin el apego, las situaciones difíciles o de gran aprendizaje vital serían mucho más llevaderas.

El desapego es la capacidad de liberarse emocionalmente de las cosas, personas o situaciones, permitiendo mantener una mentalidad más tranquila y flexible ante los cambios y las experiencias de la vida.

Implica no aferrarse a resultados, expectativas o deseos, lo que puede conducir a una mayor paz interior y aceptación de lo que *es*.

La ley del desapego se considera una de las leyes espirituales del éxito. Este principio espiritual sugiere que, para encontrar la paz interior y la felicidad, es importante liberarse del apego emocional a los resultados, las personas, las cosas o las situaciones.

Permitir que las cosas fluyan naturalmente sin aferrarnos a deseos específicos.

Practicar esta ley implica aceptar y soltar, permitiendo que las experiencias se desenvuelvan sin sufrir por su resultado.

Además, establece que, para adquirir cualquier cosa en el universo físico, debemos renunciar a nuestro apego a ello.

El apego es una ilusión: nada nos pertenece, ni personas, ni objetos, ni lugares, ni metas. Tenemos conexiones y relaciones en momentos puntuales con personas y vivimos experiencias que nos nutren y nos trasladan grandes aprendizajes.

Si volvemos a la definición que he dado de vida, es un viaje lineal donde determinadas partes del camino las vivimos con personas, lugares, objetos... pero nada de ello nos pertenece.

El primer error es denominar como posesiones a nuestro entorno: *"Mi padre"*, *"Mi madre"*, *"Mi amigo"*, *"Mi casa"*...

Estas personas, por ley de vida, no siempre nos acompañarán, y no son posesiones.

Ellas son personas libres que en su libertad eligen compartir su tiempo y sus recursos, en mayor o menor medida, con nosotros. Sin embargo, debemos ser conscientes de que no tienen obligación, y que nada de ello es necesario para nuestra existencia.

El apego está condicionado por el ego. Si vivimos desde la esencia, viviremos desde la calma y la conexión.

El apego es una de las fuentes de sufrimiento más grandes del ser humano, y surge principalmente cuando ocurren las pérdidas.

Si trabajáramos con antelación el desapego a todo, por doloroso que sea integrar que "solos estamos y solos nos vamos", ahorraríamos gran cantidad de sufrimiento a largo plazo, además de cortar de raíz con problemas de salud mental como la depresión y la ansiedad, ya que sus causas fundamentales son el apego y la generación de expectativas.

El desapego, sin embargo, es, en vez de vivir desde el ego, vivir desde el ser.

El desapego tiene una relación directa con el poder del presente.

Como hemos dicho en el capítulo anterior, si fuésemos realmente conscientes que el *ahora* es el único tiempo real y existente, ya que el pasado y el futuro son ilusión, comprenderíamos que las relaciones que tenemos con las personas son temporales y solo ocurren en el momento en el que estamos.

Si centrásemos nuestras energías y esfuerzos en disfrutar y sentir el presente, no existirían los apegos.

Este fue un gran aprendizaje para mí a la hora de establecer relaciones.

Relaciones sanas donde amas desde la libertad, en el momento presente y la no generación de expectativas. Sin perder de vista que el pilar fundamental eres tú. Desde mi punto de vista, es la forma de amor más sana que existe.

La dependencia existe en gran cantidad de relaciones cuando, por no estar solo y no descubrirte a ti mismo, te aferras a la otra persona pensando que es tu base indispensable.

Desde mi punto de vista, es necesario trabajar el desapego antes de establecer cualquier relación, teniendo como pilar fundamental el amor propio.

El disfrute presente es algo que se debe trabajar permanentemente, haciéndonos plenamente conscientes y dando lo mejor de nosotros mismos.

Por ejemplo, si estoy sentada en el sofá con mi madre, debo analizar cómo me siento, la temperatura, los olores, las sensaciones, el tacto, hablar, empatizar; esto nos hará conectarnos y sumergirnos en el único momento presente sin apegarnos a nada, solo a disfrutar.

Si analizamos con mayor profundidad ese ejemplo, entendemos que estamos disfrutando del momento con la otra persona, sin poseerla. Sin embargo, si a continuación estamos con otra persona, no necesitamos a nuestra madre, que es con quién estábamos antes. Es vivir sin apegarnos a ella ni a nadie, vivir sin añorar otras posibilidades, sino simplemente disfrutando el momento presente.

Así, es más fácil entender que tu felicidad no depende de esas personas, lugares, circunstancias, expectativas ni objetos.

A mayor análisis del entorno, mayor memorización y conciencia del momento.

Si disfrutas del presente e integras la temporalidad de todo, evitarás sufrimientos a largo plazo.

Si amas algo, déjalo libre. Si regresa a ti, ¡es tuyo! Si no regresa, jamás lo fue.

Anónimo

Una vez has demostrado todo por tu parte, no insistes, demuestras tu amor propio, reconoces tu valor y te desapegas. Te desapegas del resultado concreto. Cuando algo es para ti, fluye sin esfuerzo, y las puertas del camino correcto se abren.

No es renunciar a nuestro deseo, sino renunciar al interés por el resultado.

Al renunciar al interés por el resultado, combinado con la intención concentrada del deseo, obtienes lo que deseas.

Esto se basa en la confianza incuestionable del verdadero yo, ya que, si lo pides desde el apego (la carencia, el miedo, la inseguridad y la necesidad), es porque desconoces tu poder y tu verdadera esencia.

Y es que esto, aunque pueda resultar difícil, es la manera más sana de vivir tranquilos y sin establecer relaciones de dependencia.

Amor

El amor es la expresión humana más elevada y es la forma en la que debemos vivir. Debemos tomar activamente la decisión de convertirnos en amor para poder darlo.

El amor existe en gran cantidad de formas, fluye como el aire habitando en cada poro de nuestra piel y en cada rincón del mundo.

Podemos llenarnos nosotros mismos de amor y convertirnos en él.

Cuando somos dentro, se materializa fuera.

Y es que el amor sano y el desapego van de la mano.

La diferencia entre querer y amar

Querer a alguien está relacionado con deseos personales y necesidades emocionales. Se quiere desde el apego, la necesidad o la dependencia.

Sin embargo, amar, es amor en esencia. Amar significa una conexión profunda y desinteresada, con una base sólida en el aprecio por el ser en esencia de la otra persona y en la voluntad de priorizar el bienestar mutuo. De esta forma, implica empatía, compasión y una profunda conexión.

Ama desde lo más profundo de tu ser: el amor es una elección, una forma de vida que inicia en ti

La vida

En segundo lugar, en relación con el desapego, quiero hacer una reflexión sobre la vida y la muerte.

Y es que, si algo seguro tenemos cuando nacemos, es que vamos a morir.

Por lo que, ¿por qué tanto miedo a la muerte? ¿Por qué tanto aferrarse a la vida?

Una de las grandes lecciones de vivir es entender que nos vamos a morir, y abrazar esa idea desde ya.

Si hoy nos damos muerte de forma figurada, entendiendo que vamos a morir, comenzaremos a disfrutar, entendiendo desde el corazón que cada día es un regalo, y que hemos venido a sentir y a disfrutar de esta experiencia humana.

Desapégate de la vida, abraza y acepta la muerte. y comenzarás a vivir.

Sumérgete en el viaje increíble de la experiencia de vivir.

No necesitas a nadie,

TODO

lo que buscas fuera lo tienes

DENTRO

17. El servicio a los demás

El servicio desinteresado a los demás es una de las formas de conectar con nuestro yo interior.

"La mejor forma de encontrarse a uno mismo es perdiéndose dando servicio a los demás"

Mahatma Gandhi

Es la oportunidad de desarrollar tu mundo interior y conectar contigo mismo mediante el servicio a los demás.

Cuando nos entregamos a otra persona y nos centramos en ayudarle de forma desinteresada, solo pensando en sus necesidades, tenemos la oportunidad de desconectar nuestra mente. Callar esa vocecita que tenemos dentro y el diálogo interno incesante y rumiante sobre "nosotros" y "nuestros problemas".

Es importante ser capaces de calmar ese diálogo interno. Ya conocemos a nuestra mente, que tiende a boicotearnos, que quiere engañarnos con nuestras creencias limitantes, asustarnos, debilitarnos y hacernos sentir inferiores.

La solución para calmar ese diálogo vicioso interno es centrarnos en algo diferente a nosotros y nuestros tiempos, permitiéndonos establecer la prioridad en alguien diferente.

Al dedicarte a su cuidado, muchas veces por la necesidad del otro, podemos parar nuestro tiempo y conectar con el momento presente.

¿Qué sentido tendría la vida y el sufrimiento de unos, si no fuera porque otros que tienen las capacidades y los recursos para ayudar no los usan?

Tenemos la posibilidad de crear un mundo mejor ayudando a los demás. Y esa ayuda no necesariamente implica un desplazamiento, una ayuda económica o trabajar duramente. La necesidad siempre está cerca de nosotros, podemos ayudar sin viajar miles de kilómetros. Todos podemos elegir ayudar en pequeña o gran medida, todos los días, en nuestro entorno.

Sé amable: nunca sabes la batalla que está pasando la persona que tienes al lado.

Está más que demostrado que palabras amables y sonrisas en momentos donde se esperaba un comportamiento agresivo han tenido la capacidad de salvar vidas. Personas que habían tomado la decisión de suicidarse y, gracias a recibir una sonrisa o sentirse queridos, han decidido no hacerlo.

Soy consciente de que el suicidio es un tema tabú, porque hablar de suicidio incita a ello. Pero a mí me parece grave que sea una de las principales causas de muerte y no se diga. Gran parte de la sociedad vive sumida en depresiones y ansiedad, y muchas de ellas son personas jóvenes. Si estás mal, pide ayuda: la vida es maravillosa y estás a tiempo de descubrirlo.

Todas son enfermedades mentales y no leves, y desde mi punto de vista vienen generadas en gran medida por nuestra desconexión con quiénes somos realmente, con la generación de falsas expectativas y el apego.

Generarnos expectativas sobre quién debemos ser, estar en situaciones que no debemos estar, apegarnos a personas, lugares, objetos, roles, profesiones o ego...

"Miré al sol, su luz me cegó y mis lágrimas no me dejaron ver las estrellas"

Tagore

Todos tenemos un plan de vida y una misión. Hemos venido aquí para algo más que ocupar un lugar y tener placeres temporales.

Nuestra misión de vida no es pasarlo bien, ni beber alcohol, ni fumar para quitarnos el estrés, ni ganar dinero.

Como dije al principio, creo que somos seres espirituales que hemos venido a vivir una experiencia en la Tierra, a vivir experiencias y a sentir emociones sin anclarnos a ellas.

Hemos venido a ayudar y a contribuir a un mundo mejor, a crear nuestra propia huella y aportar nuestros conocimientos. Todos tenemos algo increíble que aportar.

El universo sin ti no es igual. Somos tan únicos que, si uno de nosotros no existiera, el universo tendría que inventarnos.

Para todas las personitas que estén atravesando una época difícil: os entiendo, sé lo que es, cómo duele y lo incomprendido que te sientes. Pasará: pide ayuda, rodéate de personas que te quieren y busca a más personas, pon todo de tu parte para salir de ahí.

Si crees que puedes, PODRÁS.

Y el primer paso es ayudar a otros, es dejar de poner el foco en ti y comenzar a agradecer por lo que tienes... que seguro que es muchísimo.

Aunque solo sea que sigues vivo, y por duro que suene, tú hoy tienes lo que muchas personas están rezando en el hospital por tener: un día más.

Que tu dolor sea tu palanca y sirva para ayudar a otros a salir de donde tú estás; o, mejor dicho, de donde tú estabas (porque sé que ya has salido de esa situación y ahora eres una persona completamente diferente y mejor).

Escucha, sonríe y sé amable.

Las tres son gratis y son la manera más sencilla y positiva de generar un buen y enorme impacto en tu entorno. Si tu mundo es mejor, has hecho del universo un lugar mejor.

"Yo dormía y soñaba que la vida era alegría, me desperté y vi que la vida era servicio, serví y vi que servir era la alegría"

Tagore

EL MEJOR REGALO
que puedes dar al mundo comienza con que seas
TU MEJOR VERSIÓN

Vive para inspirar, no para impresionar

Autor Desconocido

18. Descubre tu pasión

Descubre tu pasión y lucha por ella. Vincula tu vida a tu pasión, a tu propósito y a ayudar al mundo a través de ella.

Cuando estás alineado con ella, siempre aparece el camino para lograrlo, y sentirás una gran felicidad.

La meta no es lo que genera esa felicidad: lo que la genera es luchar por tus sueños y llevar una vida alineada con tu misión.

Para mí, siempre es admirable alguien que lucha por lo que quiere.

"Encuentra algo que te apasione. En los días difíciles te hará seguir adelante"

Mark Zuckerberg, Empresario. Forbes.

Tu profesión, tu rol, tu dinero y tu físico siempre son agregados. Y, cuando aportas valor y lo haces con ganas, el dinero y el éxito siempre vienen.

Si hoy no conoces tu misión, tranquilo: dedícate a convertirte en tu mejor versión, a disfrutar con las cosas más pequeñas, a envolverte en el amor que se esconde en todo (en las personas amables, en los bebés, en los animales, en las risas, en el viento, en el sol calentando tu cuerpo, en la nieve fría en tus dedos, el sonido del mar, el contacto de tu ropa en la piel o una buena canción).

Es importante dar la oportunidad al universo para que actúe a tu favor y el de tus deseos. Esto ocurrirá solo si estos sueños son lo suficientemente grandes y si demuestras tu absoluto compromiso.

No se trata de insensatez, sino de riesgos limitados y metas alcanzables.

Si es inaccesible, solo conseguirá frustrarte y desmotivarte.

Se trata de hacer lo que pueda, con los recursos que tengo y en el lugar y momento donde estoy, teniendo como base los valores del crecimiento, evolución y contribución.

Si tu

SUEÑO

no es lo suficientemente

GRANDE

como para que te dé miedo,

entonces, ese sueño no es de tu

ALTURA

Elien Johnson

Vive, fluye, respira, ama y ayuda. Tu propósito te será entregado cuando estés preparado para ello.

Todas nuestras historias deben ser contadas.

"El mundo está en las manos de aquellos que tienen el coraje de soñar y correr el riesgo de vivir sus sueños"
Paulo Coelho

Eres alguien grande.

Sumérgete al máximo en el sentir de tu propia historia, en cada detalle, en cada nota musical como si de una melodía se tratara.

"Nunca niegues eso que **TU ALMA** anhela"

"Sigue a tu corazón y a tu intuición"
"Si sabes escuchar, siempre sabrás dónde es"

19. El poder de sonreír

La sonrisa es una de las cualidades y expresiones innatas en las personas que deberíamos valorar y conocer su inmenso poder.

En muchas ocasiones no somos conscientes de ello y no lo usamos a nuestro favor porque desconocemos su enorme potencial.

Todos conocemos el bienestar y la sensación de calma cuando alguien nos sonríe, siendo irrelevante la circunstancia y la persona que lo hace. Incluso si no la conocemos, porque la sonrisa es contagiosa.

Tiene la capacidad de hacernos sentir bien automáticamente, e incluso cambiar el prejuicio negativo que podamos tener de otra persona al emitirnos una sonrisa.

La sonrisa tiene la capacidad de hacerte sentir bien a ti y a los demás. La sonrisa hará que relativices circunstancias y te ayudará a romper barreras en tu entorno.

La sonrisa tiene la capacidad de activar los músculos faciales encargados de la risa, lo que genera que el cerebro libere hormonas como la dopamina y endorfinas (encargadas de la felicidad; Elims, 2023), incluso cuando la sonrisa no es espontánea y es fingida.

Esto implica que cambiando nuestra gestualización de manera consciente, es decir, con una sonrisa falsa, podemos cambiar nuestro estado de ánimo.

"Si gestionas tu expresión facial, gestionarás tus emociones" Mario Alonso Puig

Además, la risa tiene la capacidad de proyectar una imagen de uno mismo de seguridad y de estima, que genera más confianza e invita a que los demás se acerquen a ti. De esta forma, al sonreír me siento más optimista, genero una mejor versión de mí, y esa versión la traslado y la contagio a las personas de mi entorno.

La sonrisa también tiene la capacidad de hacer feliz a los demás:

Gracias a las neuronas espejo, la sonrisa provoca sonrisas en las personas que la ven. Estas neuronas son las encargadas de imitar de forma innata todo lo que ven en su exterior; esta es la razón por la que los ataques de risa son contagiosos, cargándonos de esa energía positiva y forzándonos a hacer lo mismo sin saber la razón.

Desde mi punto de vista, el mundo no es de gente bonita ni fea, sino de gente sonriente o no sonriente. Eres lo que dejas en el corazón de los demás, y eso empieza sonriendo.

En conclusión, la positividad en nuestra vida y en la de los demás comienza con una simple sonrisa.

SONRÍE AHORA POR MUCHAS RAZONES, Y SI NO LAS TIENES, ¡SONRÍE PARA TENERLAS!

El mejor
REGALO
que tienes para dar al mundo es tu
SONRISA

20. El miedo

El miedo es una emoción desagradable provocada por un peligro real o supuesto en cualquier tiempo: presente, pasado o futuro.

Nace en nuestro cerebro reptiliano para alertarnos y permitirnos sobrevivir. Tiene una función vital, siendo necesaria para extremar la seguridad en determinadas situaciones.

Afortunadamente, la vida actual nada tiene que ver con la de nuestros antepasados. Nuestras amenazas habitualmente no afectan a nuestra supervivencia.

Cuando sentimos que tenemos miedo y no hay amenaza extrema, es una buena ocasión para aprender a gestionarlo.

El miedo mal enfocado es una cárcel donde no están alineados mente y cuerpo. El riesgo es no conseguir tus sueños.

Es una de las emociones más comunes que debemos de trascender si queremos alcanzar el éxito, y es completamente normal sentirla.

En el *Método Transforma* aprendemos a manejarlo. Tanto el miedo como la incertidumbre deben ser sentidas y atravesadas.

Nuestra mente nos paraliza y evitamos la acción por miedo, pero no por ello debemos dejar de afrontarla.

Paso 1 para afrontar tus miedos: IDENTIFICARLOS.

Según el libro *El arte de la guerra*, la forma segura de derrotar a nuestro enemigo siempre es conociéndole a él y conociéndonos a nosotros mismos.

Por ello, planteo un paralelismo con los temores: es necesario conocer los miedos humanos más comunes para entender nuestra propia mente y la de la sociedad; de esta forma, podremos usarlo a nuestro favor y eliminarlos, o asumirlos como válidos y actuar de igual manera.

Según Napoleón Hill, en su libro *Piense y hágase rico*, es necesario entender que debemos eliminar de nuestra mente la duda, el temor y la indecisión. Además, menciona los seis miedos básicos, denominados por él los seis fantasmas del temor, explicando que los miedos más comunes que toda persona sufre en su totalidad o parcialidad son:

- Pobreza
- Crítica
- Enfermedad
- Pérdida del amor de alguien
- Vejez
- Muerte

Existen otros miedos comunes como el miedo al éxito o al fracaso.

Ejercicio 13:
TUS MIEDOS

Este ejercicio consiste en reflexionar
¿A qué tienes miedo?

Haz una lista e identifica en qué momentos aparecen,
¿Hay un patrón?

Inclúyelas en tu lista de debilidades cuando aparezcan para convertirlas en fortalezas.

Convierte el miedo en energía

_____

_____

_____

_____

_____

_____

Paso 2: ACEPTARLOS Y ABRAZARLOS.

Una vez identificados, es necesario entender que todos se expresan como síntomas físicos que nos permiten reconocerlos.

Todas las emociones negativas están ahí para explicarnos algo. Por ejemplo: miedo por sentirnos inseguros, miedo provocado por no prepararnos lo suficiente una conferencia, un examen...

> "*Los temores son estados de la mente y todo ser humano tiene la habilidad de controlar su propia mente por completo*"
>
> Napoleón Hill

Por ello, es necesario identificarlos y ver cómo de real es la amenaza y cuál es la razón de alerta. Si es posible, trata de minimizar el riesgo que lo activa (preparándote lo máximo para el examen, la conferencia, protegiéndote...).

Piensa de forma racional tu acción, analiza el riesgo, sigue a tu corazón, y actúa.

En caso de que solo estén en tu mente, abrázalos y ríete de ti mismo.

El humor y el amor son una filosofía de vida

Educar la mente es necesario, y una forma de entrenarla es a través de situaciones complicadas cuando las atraviesas.

Hazlo con miedo, pero hazlo

Convierte el miedo en poder

COHETE

"El futuro tiene muchos nombres. Para los débiles es lo inalcanzable. Para los temerosos, lo desconocido. Para los valientes es la oportunidad"
Víctor Hugo

No hay coraje sin miedo: siente el miedo, atraviésalo

21. Transforma tus valores

Los valores por definición son principios por los que se rigen las personas o la sociedad. Son cualidades y actitudes que desarrollan las personas.

Según el *Método Transforma* los más importantes son:

- Amor
- Amistad
- Bondad
- Confianza
- Justicia
- Libertad
- Solidaridad
- Fraternidad
- Honor
- Honradez
- Fidelidad, lealtad
- Paz
- Respeto

- Responsabilidad
- Tolerancia
- Honestidad
- Humildad
- Empatía
- Sinceridad
- Gratitud
- Integridad
- Paciencia
- Compromiso
- Perseverancia
- Disciplina

Según Mario Alonso Puig, estos tres valores te impulsarán a ti y a tu entorno:

El primero es el valor de crecer y descubrir cosas nuevas.

El valor de evolucionar.

Por último, el valor de contribuir.

Los valores se tienen, pero también gran parte de esos valores se entrenan y adquieren. Recuerda que podemos ser como nosotros decidamos: eso marcará la diferencia.

"Haz que los valores reflejados en tus actos griten los resultados".

Eres lo que dejas en el corazón de las personas.

Que tu presencia se vuelva transformación

Por encima de todos los valores hay uno en la cúspide. Este valor te llevará a la cima.

Lo conocí con 16 años cuando en clase de filosofía me explicaron la famosa Pirámide de Maslow, una teoría psicológica encargada de clasificar la jerarquía de las necesidades humanas. Y, en ese instante, pude poner nombre a mi constante necesidad de conseguir la excelencia por MÍ y mi propia satisfacción.

Es lo que me levanta por las mañanas y me motiva a retarme para demostrarme que soy capaz de todo. La sed insaciable de más.

Es la **Autorrealización**, y su valor para mí es incalculable.

El Método Transforma lo define como "satisfacción de conseguir lo que te propones"

"Satisfacción y profundo orgullo de convertirte en tu expresión más elevada"

Pirámide de Maslow:

Ilustración: Elaboración propia

En la pirámide podemos ver desde abajo las necesidades más prioritarias: las fisiológicas, como respirar o comer; las de seguridad, afiliación, reconocimiento; y, por último: AUTORREALIZACIÓN.

Por definición, es el logro efectivo de las aspiraciones u objetivos vitales de una persona por sí misma, y la satisfacción y el orgullo que siente por ello (AB Guerrero, 2002; AH Maslow, 1991).

Lo sentirás cada vez que marques tus tareas al cumplirlas. Y, en dosis mucho mayor, cuando marques uno de los objetivos que te has propuesto al inicio del libro.

Cuando cumplas todo, porque sé firmemente que así será, entenderás a lo que me refiero cuando digo que su valor es incalculable; cuando te demuestres repetidas veces que eres ENORME, IMPARABLE Y EL MEJOR.

"Si lo que te mueve es retarte, si lo que te mueve es convertirte en tu expresión más elevada, si lo que te mueve es crear y aportar valor, tu éxito está garantizado"

22. Transforma tu lenguaje

Las palabras representan conceptos, objetos, acciones o ideas. Son elementos fundamentales en nuestra comunicación humana, y tienen el poder de expresar pensamientos, transmitir información, compartir emociones y establecer conexiones entre personas.

Se pueden transmitir habladas, escritas o representadas, y son la base del lenguaje, permitiendo la comunicación entre las personas y aportando sentido.

Son la forma de expresión y comunicación de nuestra alma. Son el envoltorio que ponemos para expresar el contenido que llevamos en nuestro interior.

Como dice Mario Alonso Puig, el contenido de las palabras es el regalo, y la forma de comunicarlo es el envoltorio.

Cuidemos al máximo quiénes somos, qué transmitimos y cómo lo transmitimos.

El poder del lenguaje

El lenguaje crea tu realidad: expresas con palabras lo que llevas en tu interior.

Las palabras crean, impulsan, emocionan, transmiten, condicionan y abren oportunidades.

Tienen influencia sobre ti y sobre las personas que las reciben.

Cuidar el lenguaje es esencial para una comunicación efectiva, fomentar el respeto, la empatía, la percepción y mejorar el trato de los demás hacia nosotros.

Tiene impacto social. Puede influir en cómo eres percibido, por lo que cuidar la forma en que te expresas tiene un impacto positivo en la sociedad y en tus relaciones.

¿Cómo tratas a los demás?
¿Cómo les hablas?
¿Les hablas desde el amor con palabras bonitas?
¿O desde la dejadez con malas palabras, quejas o críticas?
¿Hablas con hostilidad o con ira?

Recuerda que expresamos fuera lo que llevamos dentro: cada vez que abres la boca, le dices al mundo quién eres y cómo eres.

En entornos laborales y académicos, el uso correcto del lenguaje refleja tu profesionalidad y competencia, lo que puede ser fundamental para el éxito.

Tus palabras y tu vestimenta en entornos laborales son la primera imagen que das. Es importante cuidarlo. Las "palabrotas" no son elegantes ni profesionales. Dejar una sensación de profesionalidad en el interlocutor, no de vulgaridad, también hablará de ti.

Cuanto más amables, profesionales y bonitas sean las palabras, mejor impacto generarás.

El primer cambio de todo comienza en ti. Si hablas a los demás bien, te responderán bien. El Método establece que, si quieres éxito en tus relaciones y entorno laboral, debes desarrollar al máximo tus habilidades comunicativas.

El poder del lenguaje sobre ti

Como hemos comentado, el lenguaje afecta a nuestra forma de relacionarnos, a la percepción de otras personas sobre nosotros y a cómo nos percibimos a nosotros mismos. El lenguaje interno es de suma importancia, y está vinculado al amor propio.

¿Cómo te hablas a ti mismo? ¿Qué cosas te dices?

¿Admitirías que otro te dijera las cosas que te dices a ti mismo?

Piensa en positivo y repítete las características que quieres tener o lo que quieres hacer... hasta que te lo creas.

- o Autoestima y autoconcepto: Un diálogo interno positivo y constructivo fortalece tu autoestima y mejora tu autoconcepto, influyendo directamente en cómo te percibes a ti mismo.

- o Autoconfianza: Un lenguaje interno positivo y motivador aumenta la confianza en tus habilidades y capacidades, permitiéndote afrontar desafíos con mayor seguridad: el famoso "no puedo" frente a "sí puedo".

- o Reducción de estrés: Un diálogo interno negativo puede aumentar tus niveles de estrés y ansiedad. Si es positivo, trabajarás la resiliencia y el manejo del estrés.

- o Toma de decisiones: Un enfoque positivo y menor ruido mental facilitará la toma de decisiones claras y efectivas. Está demostrado que el optimismo está vinculado al éxito: a mayor optimismo, más intentos, y más probabilidad de aciertos.

- Bienestar emocional: Un lenguaje interno negativo afecta al bienestar emocional. Al cuidarlo, se promueve un mayor equilibrio emocional y bienestar psicológico. Las palabras positivas activan en nuestro cuerpo serotonina, dopamina, oxitocina y endorfinas.

Al igual que el lenguaje tiene un gran impacto sobre ti y sobre las personas que lo escuchan, también tú recibes impactos del lenguaje del entorno. Por ello, es necesario eliminar a toda persona negativa, con tendencia a la crítica y a la queja.

Transformar tus palabras hará que sigas alzando el vuelo

El poder sobre tu entorno, tu realidad actual y tu realidad futuro

Las palabras influyen en el entorno, el ambiente y la energía de un lugar. La expresión positiva genera un entorno de motivación y optimismo, mientras que las palabras negativas crean tensiones y generan un ambiente cargado.

Afectan a tu realidad actual e influyen en tu futuro porque van directamente vinculadas a la acción.

Es importante que seas consciente del impacto que tus palabras pueden tener, para usarlas de manera constructiva y positiva siempre que te sea posible.

Ampliar tu lenguaje amplía tu mente.

Según Bryan Tracy, una mente que se expande a una nueva idea nunca vuelve al estado anterior. Según estudios de Harvard, cuantas más palabras sabes, más dinero haces.

En un estudio se comparó a un grupo de personas a las que se enseñaba 5 palabras nuevas todos los días durante un año con otro grupo al que no. El primer grupo demostró unos ingresos superiores del 40% al final del año.

Esto ocurre porque el conocimiento de mayor lenguaje aumenta la capacidad de pensar, de toma de decisiones y de nuevas perspectivas.

"Los límites de mi lenguaje son los límites de mi mundo"
Ludwig Wittgenstein

A mayor cantidad de palabras te vuelves más competente.

En conclusión, tu lenguaje te afecta directamente a ti, a tu entorno, a la materia, a tu futuro, a tus ingresos y a tus decisiones.

Tu lenguaje y tu capacidad comunicativa condicionan tu éxito

Eres lo que dejas en el corazón de las personas, y eso empieza con las palabras

Ejercicio 14:
Las palabras

¿Cuáles son las palabras que mejor te hacen sentir?
Amor, gracias, perdón, te quiero, te amo y por favor son grandes palabras que el Método Transforma te recomienda incluir en tu vocabulario

_____

_____

_____

_____

_____

_____

_____

A más optimismo, más valentía, más resistencia a la incertidumbre, al riesgo.

A mayor optimismo, mayor cantidad de intentos y mayor probabilidad de aciertos.

Nunca pierdes si intentas

EL ÉXITO COMIENZA EN TU ACTITUD Y EN TUS PALABRAS

23. El poder del color

La función principal del color es servir a la expresión.

Cada color tiene una representación y significado concreto asociados a emociones, pudiendo influir en ellas. Los colores afectan de forma consciente e inconsciente, y podemos usarlos a nuestro favor incidiendo sobre lo que queremos representar.

El color rojo suele asociarse con emociones intensas como pasión, amor, energía y poder. También puede simbolizar peligro, valentía o alerta, dependiendo del contexto cultural y la situación en la que se utilice (AM Cañellas, Maina, 1979).

Blanco: se asocia con pureza, inocencia, paz, limpieza y claridad. También puede representar la apertura, la neutralidad y la luz.

Negro: se asocia con la elegancia, la sofisticación y la formalidad. También puede representar el misterio, la autoridad, la fuerza y la seriedad. En ciertos contextos, el negro puede simbolizar la introspección, la independencia y la protección.

Naranja: se asocia comúnmente con la energía, la vitalidad y la creatividad. También puede representar la alegría, la calidez, el entusiasmo y la atracción. Se relaciona con la juventud, la diversión y la estimulación.

Amarillo: suele asociarse con la alegría, la felicidad, la energía y la creatividad. También puede representar la claridad mental y la atención. En algunos casos, puede simbolizar la cautela o la advertencia, como en señales de tráfico. El significado preciso del amarillo puede variar según el contexto cultural y las experiencias individuales.

Azul: se asocia con la calma, la serenidad y la tranquilidad. También puede representar la confianza, la estabilidad, la armonía y la profundidad. En muchas culturas se identifica con la inteligencia, la sabiduría y la confianza en uno mismo.

Verde: suele simbolizar la naturaleza, la frescura, la renovación y la armonía. Representa el equilibrio, la fertilidad, la esperanza y el crecimiento. Se asocia con la salud, la calma y la tranquilidad.

Morado: suele vincularse a la realeza, la elegancia y la creatividad. Expresa ambición, espiritualidad, sabiduría e imaginación. En algunas culturas, el morado también está unido a la intuición, la magia y lo místico.

Elige sabiamente lo que quieres representar

Está demostrado que el color tiene un impacto directo sobre nuestras emociones.

Tiene un gran poder psicológico, pudiendo influir directamente el estado de ánimo de la persona que lo lleva y sobre la persona que lo recibe o ve.

EL MUNDO

es mi

LIENZO

y yo creo

**MI PROPIA
OBRA DE ARTE**

24. Rodéate de un círculo exitoso

Dicen que somos la media de las cinco personas con las que más tiempo pasamos

Tú tienes el poder de elegir en quién quieres convertirte y, por lo tanto, de quién quieres rodearte.

Elige un círculo positivo que te apoye, impulse, aporte, quiera lo mejor para ti y se alegre de tus logros.

Es importante que ese círculo o mentores hayan conseguido los resultados que tú quieres obtener.

Que tu círculo de personas ya sean hoy lo que tú quieres llegar a ser, y quieran compartir tiempo contigo.

No necesariamente tienen que ser personas con las que compartamos un espacio físico: puede ser virtual.

Debes elegir mentores que te apasionen, empaparte de su mentalidad, de su historia. Escuchar sus conferencias, libros, o cómo llegaron donde tú quieres llegar.

Elimina a todas las personas tristes, negativas, quejicas o cotillas.

"Encuentra un grupo de personas que te desafíen e inspiren, pasa mucho tiempo con ellas y te cambiará la vida"

Amy Poehler, Actriz.

Dime con quién andas y te diré quién eres

25. El éxito

El éxito es en lo que te tienes que convertir. No es una meta: es apostar por tus sueños y la persona en la que te conviertes para alcanzar esos sueños, los alcances o no.

El éxito son los aprendizajes de una vida exprimida y vivida con pasión y motivación por lo que te quita el sueño.

Cuando alcanzas tu mejor versión, alcanzas el éxito, atraes la abundancia a tu vida: abundancia de sentirte pleno.

El éxito bajo ningún concepto es la obtención de cosas materiales; o, mejor dicho, sí puede serlo para ti, pero no te dará la verdadera felicidad. El cubrir los vacíos del ser con cosas materiales no te dará la felicidad ni te llenará internamente si no va acompañado de un gran crecimiento y preparación personal.

El éxito es crecimiento personal.

Reconoce tu valor, conviértete en tu mejor versión, atrae el éxito por quién eres.

Sumérgete en crear y obsesiónate con hacer.

Que tu meta no sea tener dinero, sino montar un negocio, escribir un libro, formarte, dar conferencias, tener un trabajo, aportar valor, ayudar a los demás, hacer un podcast, transmitir quién eres al mundo. Cuando haces, consigues. Comienza con tu propia acción, y esta, sin duda, atraerá el éxito y el dinero cuando estés preparado para ello.

"Aquel al que le gusta caminar, caminará más lejos que aquel al que solo le gusta el destino".

Tenemos el poder de crear la vida que deseamos: solo inténtalo, arriésgate y sonríe.

Todos podemos crear si creemos. Tienes el poder de conseguir tus sueños, construir la mejor versión de ti como ser humano, crear tu propia huella, ser un ejemplo de vida, de superación, de logro, de resultados, de felicidad, de contribución y de amor.

Nada se logró nunca sin que antes alguien lo soñara. La historia del hombre la han escrito los soñadores. Héroes en el anonimato. Los locos, los que se atrevieron a imaginar lo imposible.

Determina la vida que quieres, sueña en grande, establece objetivos cuantitativos en plazos y constrúyela todos los días en tu rutina.

"Paso a paso. Da el primer paso con la fe. No tienes por qué ver toda la escalera. Basta con que subas el primer peldaño". Martin Luther King Jr.

Además, "has de ser consciente de tus pensamientos y elegirlos cuidadosamente. Diviértete, porque eres la obra maestra de tu propia vida, eres el Miguel Ángel de tu vida y el David que estás esculpiendo eres tú mismo".

Doctor Joe Vitale.

Fórmulas del éxito.

Según Mario Alonso Puig:

ACTITUD POSITIVA + VOLUNTAD (Orden, Constancia, Perseverancia) + CONOCIMIENTOS (Leer, Culturizarse, Conocimientos específicos) + PROYECTO DE VIDA (Plan: "Piensa en grande, actúa en pequeño")

= <u>ÉXITO</u>

Según Coral Mujaes:

ACCIÓN MASIVA + TRABAJO DURO + ESPIRITUALIDAD + ÉTICA DE TRABAJO + DISCIPLINA + COMPROMISO + VENTAS + CONFERENCIAS + EMPRENDIMIENTO

= <u>ÉXITO</u>

Según Bryan Tracy:

ACEPTAR EL 100% DE LA RESPONSABILIDAD DE NUESTRA VIDA Y NUESTRO FUTURO + DEFINIR METAS PRECISAS + APRENDIZAJE CONTINUO

= <u>**ÉXITO**</u>

Todas las mentes poderosas tienen un elemento común: el éxito se elige y depende en gran medida de nosotros. Tras estudiar muchas mentes poderosas y entendiendo que todas las fórmulas de éxito son válidas, combinadas son aún más potenciadoras.

El *Método Transforma* te propone:

$$AMOR + GANAS + MOTOR = \underline{ÉXITO}$$

El amor es la fuerza más poderosa del mundo. Sin ella nada sería posible. El amor propio, el amor por todo, la ayuda, nuestro propósito... Esa es la razón por la que hemos sido puestos aquí: todas nuestras misiones comienzan con amar.

Las ganas: cuando alineamos nuestra misión con nuestras acciones y pensamientos, se crea esa motivación imparable que, ante su desaparición progresiva y necesaria, se ve sustituida por disciplina. La fe firme nos mantiene. La pasión, por tanto, es la suma del amor y las ganas.

Las ganas son el motor de energía más poderoso que existe.

El motor es el vehículo con el que vamos a alcanzarlo y nuestro compromiso ciego con conseguirlo, nuestra acción e incluso acción masiva para conseguirlo.

Según Conrad Hilton, empresario hostelero estadounidense, *"el éxito parece estar relacionado con la acción. Las personas de éxito siguen avanzando, cometen errores, pero no abandonan"*.

"El mundo está en las manos de aquellos que tienen el coraje de soñar y correr el riesgo de vivir sus sueños"
Paulo Coelho

EL ÉXITO

Es la compilación de aprendizajes de una vida exprimida y apostada con pasión y motivación por lo que te quita el
SUEÑO

Alba Moreno

26. Toma acción

Este es el punto más importante del libro: se trata de la toma de decisiones para crear lo que queramos crear. Tú eliges dar el gran paso.

Solo depende de ti. 3, 2, 1... ACCIÓN.

De nada sirve aprender si no integras lo aprendido, si no lo aplicas. Es necesario tu esfuerzo y tu compromiso con las metas establecidas, con convertirte en tu mejor versión, con alcanzar la vida que deseas. Todo comienza dentro de ti.

Como te comenté al inicio del libro, no te pido que me creas, solo que comiences comprobándolo en ti.

Si quieres resultados diferentes debes actuar de forma diferente.

La formación, el conocimiento y el aprendizaje son la herramienta más útil si la usamos a nuestro favor para crear.

El conocimiento es poder. Crear está en nuestra mano siempre que empleemos todo nuestro enfoque, disciplina y compromiso en hacerlo.

Sin postergar. Estableciendo prioridades. ¡Ahora! Sin excusas.

El riesgo de empezar ahora es ser principiante, cometer errores y sentir miedo.

Arriésgate, no tienes nada que perder y mucho que ganar.

Tú eliges la vida que quieres vivir y esa decisión puedes tomarla ¡YA!

¿Qué quiero conseguir?

¿Cómo tengo que pensar?

¿Cómo me tengo que sentir?

¿Qué puedo hacer para pensar y sentirme así?

¿Qué hábitos tengo que incluir en mi rutina para conseguirlo?

¿Cómo tengo que actuar?

¿Cuándo?

¡YA!

"Una mariposa no puede ver sus propias alas. Solo probando a volar aprende a confiar en ellas"

Marisa Picó

TENGO EL PODER DE CREAR LA VIDA QUE DESEO

Bibliografía

M Silva Barragán (2020). Modelos de Organización Cerebral. Un recorrido Neuropsicológico. Revista Ecuatoriana de Neurología

Y González Marante (2017). Teoría del Cerebro Triuno e inteligencia emocional.

BH Lipton (2018). La biología de la creencia: La liberación del poder de la conciencia, la materia y los milagros. Books Google.

BH Lipton (2010). La biología de la transformación. Books Google.

HR Urréa, Revista Ciencia Unemi (2010). El dominio de los hemisferios cerebrales.

Sandra Alonso. Blog. Realidad o imaginación cerebro. Escuela de Salud Umivale Activa.

AR Ferreres, Cátedra de Neurofisiología. Elementos de genética y epigenética.

MM Ortiz. Del cerebro preprogramado a la capacidad de esculpir nuestro propio cerebro: la autoprogramación cerebral como clave de la Neurofelicidad.

¿Pueden nuestros pensamientos afectar a nuestros genes? (s.f.). Actiage, Irene García.

RM Lam Díaz, P Hernández Ramírez (2014) El Placebo y el Efecto Placebo.

D Goleman, R Davidson (2023) Los beneficios de la meditación: la ciencia demuestra cómo la meditación cambia la mente, el cerebro y el cuerpo. Booksgoogle

VM Simón, Psicothema (2001). El Ego, la conciencia y las emociones: un modelo interactivo. Reunido.uniovi.es

Ricardo Eiriz. (2016) Libro Método Integra.

Joseph Murphy (1963). Libro el poder de la mente subconsciente

Editorial Etecé (2020). Creencia- Concepto, función, tipos y ejemplos.

GFLMP González (s.f.). La química de las emociones y los sentimientos

Clínica Imbanaco. (2022). Hormonas de la felicidad.

Elims (2023). La sonrisa y el bienestar: descubre cómo influye en tu felicidad.

Bisquerra, R. (2009). Psicopedagogía de las emociones. Madrid: Síntesis.

Bisquerra, R. (2014). Viajar al universo de las emociones. Barcelona

F. Mora (2012). ¿Qué son las emociones? Faro Sant Joan de Déu. Observatorio de salud

MC Montañés (2005). Psicología de la emoción, el proceso emocional. Universidad de Valencia.

JAP Rodríguez, VR Linares, AEM González (2009). Suma Psicológica. Emociones negativas y su impacto en la salud mental y física.

MS García, Journal of Psychology and Psychological Therapy, dilanet.uniroja.es (2013). Procesos psicológicos en la somatización: la emoción como proceso

J Moral de la Rubia, JL Vázquez Medina, (2010). Emociones y síntomas físicos médicamente no explicados en mujeres y hombres adultos.

AH Maslow (1991). Motivación y personalidad (libro)

AB Guerrero (2002). El concepto de "Autorrealización" como identidad personal. Una revisión crítica.

AM Cañellas, Maina (1979). Psicología del color

Francisco Hidalgo Díaz (2023). ¿Qué es el Tapping EFT o técnica de liberación por masaje? Blog Grupo Avanza Psicología.

AMC León (s.f.) El par Biomagnético una nueva alternativa de salud. Academia.edu

Psicología Cuerpo Mente (2022). La terapia psicológica para superar bloqueos y miedos.

Psicoveritas (s.f.). ¿Qué es la terapia sacrocraneal?

Francesc Celma i Girón. (2016). Fosfenos y neuro sincronización, neuroestimulación por la luz y el ritmo.

Ilustraciones

Todas las imágenes que no están referenciadas están generadas por IA, usando Leonardo AI.

Sobre el autor

Alba Moreno Oliva, nacida en Madrid en 2001, es una joven escritora, qué actualmente reside entre Madrid y Alicante (España).

Licenciada en Marketing Digital por ESIC University y asesora inmobiliaria por vocación.

Sus motivaciones personales la han llevado a realizar diversos voluntariados, donde descubrió su vocación de ayuda a los demás y su misión de vida: ayudar a través de sus capacidades de comunicación oral y escrita.

Concienciada de la importancia de cuidar la salud a todos los niveles, decidió trabajarse físicamente durante varios años en el mundo del culturismo y el crossfit, así como desarrollar su mente formándose con disciplinas sobre el crecimiento personal, mindfulness, zen, oratoria y emprendimiento.

El "MÉTODO TRANSFORMA", cuya primera parte tienes en tus manos, "Tu Mejor Versión Mental", contiene sus aprendizajes a través del desarrollo personal, invitando al lector a mirar sin miedo hacia su interior, y a recorrer un camino apasionante a través de sencillos ejercicios y recomendaciones que le llevarán a conseguir su mejor versión como ser humano.

Instagram: @metodotransforma_   @albamoreno_inmobiliaria

Printed in Great Britain
by Amazon